お詫びと訂正

p91⑭のメニュー名に誤りがありました。
お詫びして訂正いたします。

（誤）ピンセットと小さなビーズ
（正）パンチでポン！

⑭ パンチでポン！

▶2歳半ごろから【はさむ力】【指先の巧緻性】

穴あけパンチでパチンと穴をあけて、模様を完成させるお仕事です。穴をあけるのはできても、丸の位置にきれいに合わせるのは難しいので、まずは自由に穴あけをすることから始めてみてください。
【図案 ➡ 143ページ】

p133の写真のキャプションに誤りがありました。
お詫びして訂正いたします。

（誤）色画用紙を**縫う**
（正）色画用紙を**編む**

非認知能力を伸ばす
おうちモンテッソーリ
77のメニュー

監修 しののめモンテッソーリ子どもの家、中山芳一

東京書籍

はじめに

　近年、テストなどで点数にすることのできない力のことが「非認知能力」と呼ばれるようになりました。すでに用意された正解やマニュアルを覚えるだけでは立ち行かなくなった時代のなかで、この非認知能力は伸ばしていきたいとても大切な力です。そして、実は１００年以上前にこのような力を子どもたちが伸ばせるようにとイタリアのマリア・モンテッソーリが考案したのが「モンテッソーリ教育」でした。本書は、非認知能力とモンテッソーリ教育との親和性の高さに着目した珠玉の一冊と言ってもよいでしょう。

　モンテッソーリ教育は、自立心や思いやりなどまさに点数化できない子どもたちの非認知能力を伸ばすことを目的としています。言い換えれば、あえて「非認知能力」という言葉を使うまでもなく、モンテッソーリ教育ではすでに子どもたちのこうした力を伸ばそうとしてきたわけです。そこで、こんな例え話はいかがでしょうか？

　昔、ある村にとても健康な青年がいました。この青年は、いつも山から黄緑色の草を採ってきては毎日のように食べていたのです。その草のおかげなのか、青年は風邪一つひきません。いつしか村人たちは、青年が採ってくる草のことを「モンテッ草」と呼び始め、村の子どもたちにも食べさせるようになりました。そんなある日、モンテッ草の噂を聞きつけた著名な博士が村へやってきて、この「モンテッ草」には「ヒニンチC」が多く含まれている。そして、モンテッ草に含まれるヒニンチCが人々を健康にしているのだ！　と言い始めたのです。モンテッ草が体を健康にしてくれるのはヒニンチCが含まれているためだということが明らかになったわけですね。
つまり、健康な体（自立心や思いやりのある子ども）を育てるためには、モンテッ草（モンテッソーリ教育）が効果的で、なぜならヒニンチC（非認知能力）を伸ばそうとしているから……という関係性になるわけです。１００年以上前から子どもの育ちにとって有効だと確信して取り組んできたモンテッソーリ教育に対して、そこで伸ばそうとしている自立心や思いやりなどは非認知能力なのだと後づけできたことになります。さらに言えば、この力はこれまでもさることながら、これからの時代にますます求められる力であるということもわかってきたわけです。

そこで、本書では、まずこれからの時代にますます求められる非認知能力について説明をしていきます。そして、非認知能力の観点からモンテッソーリ教育はどのような教育でどのような価値があるのがを改めて解説します。さらに、モンテッソーリ教育を特別な園で取り組まれる特別なプログラムとして紹介するのではなく、ひと工夫加えることで自宅でも取り入れられる身近なものとして紹介していきます。特に、モンテッソーリ教育については、30年にわたってモンテッソーリ教育に取り組まれてきた「しののめモンテッソーリ子どもの家」の先生方が監修してくださいました。きっと、ご家庭で大いに参考にしていただけることと思います。

モンテッソーリ教育と非認知能力とが出合った本書を、未来を生きる子どもたちのためにぜひとも読み進めていただき、ご活用ください！

岡山大学全学教育・学生支援機構　准教授
中山 芳一

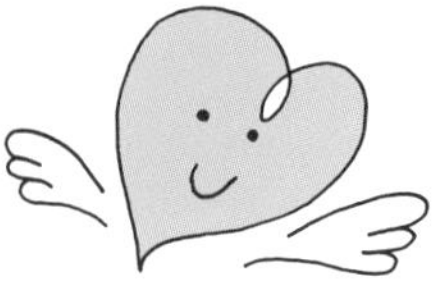

モンテッソーリ教育で育まれる5つの力

1 よく考えて行動する力

子どもが何かに夢中になって取り組んでいるとき、モンテッソーリ教育では子どもの意思を尊重して自由に行わせ、見守ります。大人からの指示は一切ありません。準備から片づけまでを子ども本人が行い、間違ったときはなぜ間違ったのかを考え、最後まで自分の力でやり遂げます。このような経験を経ることで、よく考える力、実行に移す力が身につきます。

2 他人を思いやれる気持ち

自分のやりたいことを思う存分やりきった子どもは、心が満たされ穏やかな気持ちになります。心が充足する経験を積み重ねることで、ほかの人にもやさしくできるようになります。たとえば、お友だちにものを貸してあげたり、自分より小さな子のお世話をしたり……。そういった思いやりの気持ちは、自分が尊重されてこそ育まれます。

3 何をするべきかを導き出せる力

モンテッソーリ教育では、いま、何をするかは子ども本人に任されています。大人の指示に従うのではなく、「自分はいま何がしたいのか」を自分で判断するので、自分の気持ちがわかるようになります。また、何をすべきか、してはいけないかが理解できると、自分をコントロールできる「自律心」が育まれ、どんな場面でも冷静に振る舞うことができるのです。

4 深い集中力

子どもは、好きなあそびや作業なら、まわりがどんなに騒がしくても一心にその作業を続けます。そして、夢中になれる活動を心ゆくまですることで、子どもの集中力はさらに深まります。モンテッソーリ教育には、そんな子どもの好奇心を刺激するさまざまな活動が用意されていて、こうした経験を通して、集中して物事を行う楽しさを体感していきます。

5 信頼感と気持ちの落ち着き

モンテッソーリ教育では、子ども一人ひとりの考えを尊重します。あそび方一つをとっても、その子自身がやりたいことを決めていくので、子どもは自分の考えや存在を受け入れられたという安心感を覚えます。自分のことを理解してくれる大人の存在は、子どもの自己肯定感を高め、それが気持ちの落ち着きにもつながります。

モンテッソーリ園
平成 7 年度
卒園

幼児期に感じられた本能的な喜びの経験が好きな道を進む礎に

フードディレクター 横山あり沙 さん

立体の差を体感し感覚的に体系を理解

ピンクタワー、茶色の階段、赤い棒など、寸法に関する教具[※1]がとても好きでした。1と2の厚みのブロックを重ねると、3の厚みと同じになるから上に真っすぐブロックをのせられる、などという発見がうれしかったですね。しかも、違う教具でも同じ規則でつくられているため、ピンクタワーと茶色の階段を組み合わせてもこの規則性の発見が役立ち、わくわくしたのを覚えています。異なって見えるものに同じ法則を応用できることが、好奇心をくすぐりました。

学校の成績にとらわれず自分の好きな道に進む

小学2年生のころ、一律の学校教育に違和感を覚え、拒否していた時期がありました。評価基準も偏っていて、私の得意なものには価値がないと言われているように感じたのでしょう。でも、成績にとらわれずに我が道を行き、その後は迷わず美大へ進学。学校側は困ったと思いますが、私は幼児期から好きだったことをし続けました。その裏には、常にモンテッソーリ子どもの家で経験した喜びが心のなかにあったと思います。

学校の成績という観点にしぼる

※1　モンテッソーリ教育で使う道具のこと。詳しくはP64参照。

と、先生から「頑張って」と言われることはあったものの、親から注意されることはありませんでした。私にとってはそれが救いで、好きなことに没頭する自分を否定せずにすみましたし、それが「なんとかなる」精神をつくってくれたのかもしれません。私もまわりに流されないですが、親もよく世間の評価に同調せずに、私を見守ってくれたと感謝しています。

子どもの家時代、ピンクタワーに夢中になる横山さん（左）。

幼児期に本能的に喜びを感じられること（手指を動かしたり感覚に訴えたりするお仕事※2）を得たのは、幸せなことでした。その感覚を信じて生きてきて、いまとても幸せです。悩みは尽きませんが、いまの幸せは新しい家族や自分の家族、友人たちのおかげ。そういったものに恵まれ引き寄せることができる人間になったことが、もしかしたらモンテッソーリ教育の一番の影響なのかもしれません。

親からのメッセージ

「気づき」を知ったことで親子共に「自立」ができた

（母・志おりさん）

モンテッソーリ教育の影響は、親子共にあったと思います。大きな影響として強いて申し上げるなら『自立』でしょうか。もともとあれこれ手をかけるほうではなく、自分でやれるよううながす親だったし、そうありたいと思っていました。

たとえば、お支度やお着替え。毎日きちんとやるわけではありませんでしたが、子どもたちが一人でやろうとするのを見て、「子どもたちは、いま自分でやりたいんだ」と気がつけました。それはモンテッソーリを知ったからこそだと思います。

※2　モンテッソーリ教育で、子どもたち一人ひとりが「自分づくり」をするために行うさまざまな活動のこと。「お仕事」とはイタリア語のLAVORO（仕事、労働）の直訳。

モンテッソーリ園
平成10年度
卒園

失敗から学び
次に備える繰り返しが
粘り強さを育んだ

医師 白木秀門 さん

人との関わりを学んだ少人数・異年齢の環境

好きだったのは、パン粉づくりや野菜を切るなど料理に関わるお仕事です。いまでも母がよく子どもの家で料理をつくってきた思い出を話してくれます。

同級生は自分も含めて5人で、少人数だからこそほかの園児との距離が近く、人との接し方を学べた環境でした。先生方も園児一人ひとりに親身になって接してくださり、先生方のやさしさに多く触れられたのも思い出として残っています。また、縦割り保育で異年齢の子どもたちと触れ合えたことは、兄弟のいない自分にとって学びが多かったです。

周囲からの励ましがやり遂げる力に

実は、失敗や悔しい思いは忘れられないタイプです。ですからその自分の気質を踏まえて失敗を分析し、次回に備えるよう心がけています。また、一人でため込まず、周囲に相談するようにしています。失敗から学び次回に備える心がけも、両親からのアドバイスで徐々に身についたことです。この失敗から学ぶ姿勢は、モンテッソーリのお仕事でも積み重ねてきたことのように思います。

また、これまでを振り返ると、粘り強く挑戦しなければならないシーンが多くありました。自己完結できるものもあれば、ときには自分にとってレベルが高いものも少なくなかったです。ただそういった場面でも、先生のご指導、励ましをいただきながら、最後までやり遂げることができました。そのような経験がいま、最後まで粘り強く頑張ることの基盤となっています。これはきっと、モンテッソーリ教育のお仕事にも通ずるものがあるのではないでしょうか。

野菜を刻むお仕事は、親子の思い出にもなっているそう。

ほかにも、コミュニケーション能力、思いやり、共感力、忍耐力、根気や粘り強さもモンテッソーリ教育によって育まれたと思います。そして特にいま、仕事で発揮されているのは、集中力です。

モンテッソーリ教育をはじめ、これまでの経験を生かし、謙虚に、そして粘り強く診療できる救急医になりたいと思っています。

親からのメッセージ

諦めずに粘り強く取り組む姿勢が夢を叶えた

（母・聖代さん）

困ったことが起きても諦めずに、何ができるかを考えられるようになったと思います。たとえば、双六をしようとしてサイコロがなかったことがありました。親は別のゲームにしようと提案しましたが、息子は「展開図を書けばサイコロはつくれる」と言って、サイコロをつくったんです。子どもの家では先生が指示をせず、子どもに解決させていたからだと思います。粘り強く試行錯誤しながら、物事に取り組む姿勢も培われました。忍耐力、根気よく取り組む力がなければ、医師にはなれなかったと思います。

モンテッソーリ園
平成18年度
卒園

答えを教えてもらえない環境が自分で考える力に

東京大学理科三類　H.S　さん

ランチの準備も園児が協力してやり遂げる

子どもの家では園児に任されることが多いんです。たとえば、お弁当の時間の前に机の上を整頓して移動、台拭きで拭くという一連の流れも、先生に手伝ってもらうことはほとんどありません。毎日、子どもたちが相談しながら作業を分担してやるんです。このような、臨機応変に助け合って物事を進めていく経験を通し、責任感や協調性が養われたと感じています。

お仕事で印象に残っているのは、丸いビーズが1、10、100、1000個ずつつながった、十進法が感覚的に理解できる教具です。それをお金に見立てて渡したり、お釣りを考えたりする銀行ごっこが思い出に残っています。

家庭でも自分で考えるよううながされた

中学受験では、進学先を選ぶときに両親と意見が合わず、何日も議論をしました。結局、自分の希望を押し通したのですが、人生ではじめての大きな分岐点で自らの選択に基づいて学校を決められたことは、その後の学生生活の充実につながった気がします。

もともと手助けされたりセーブされずに、自分のペースで物事を考えて進めることが好きでしたが、自分のその性格を理解してか、家庭では自分で考えて行動することをうながす育て方をしてもらっていたと思います。

たとえば、「雲はなぜ下に落ちてこないの?」「音って何でできているの?」といった素朴な疑問を投げかけたときに、両親は適当にごまかすでも、正しく解説するでもなく、「自分で考えてごらん」と私に任せるんです。答えを教えてもらえないので、仕方なく自分で考えたり本などで調べたりするのですが、ときには5年や10年間もわからないままのこともありました。ただ、こうした経験を通し、わからないことは自分の頭で考えて答えを探す癖、つまり問題解決能力が育まれた気がします。

答えを自分で探す習慣が大きな力に

思い返せば、この〝答えを教えてくれない〟姿勢は子どもの家も同じで、お仕事をするうえで答えは提示されず、いつも自分で考えて取り組んでいました。自分の興味の赴くまま、のびのびと楽しみながら知的能力が発揮できる環境、また自分の頭を使う過程こそが、かけがえのないものでした。こうした環境のもと、幼いころから考える習慣がついたことが、いまに至るまで思考の礎です。

もちろん、頭でたくさん考えても失敗することはあります。そんなときは早く頭を切り替えるのが、自分のなかの鉄則となりました。家庭や園でのびのびと頭を使い、考える習慣がついたことは、自分にとって一生物の財産を得たと、ありがたく思っています。

卒園証書を受け取るH.Sさん。

モンテッソーリ園
平成 11 年度
卒園

母がいつも「大切」と言ってくれたおかげで自己肯定感が育まれた

看護師 藤巻ひかり さん

夢中になれる時間がやりきる力に

やりたいお仕事を思う存分やれて、のびのび過ごせるところが好きでした。特にピンクタワーが好きで、夢中になって積み上げたのを覚えています。こうした環境が、やると決めたらやりきる力や、物事を頭のなかで順序立てる力を育んだ気がします。

また、母は誰の前でも堂々と私のことを「いい子で大切」だと話してくれました。それが自己肯定感につながったのは間違いありません。そして私自身、ほめ上手になったと思います。

親からのメッセージ

常に「自慢の娘」だと人前で言い続けました

（母・由美さん）

周囲に変わった人と思われようともわが子を信じ、どこでも誰の前でも、娘をほめるようにしていました。それを娘は純粋に受け取り、自己肯定感が育まれた気がします。また、小学生になった娘に「『何してあそぶ?』と友だちに聞くと『なんでもいい』『どっちでもいい』と言う子が多くて困る」と言われたことがありました。わがままでも自己中心でもなく自分の意見をしっかりと言える力が、モンテッソーリ教育では育まれているのだと、そのときに感じたことをよく覚えています。

モンテッソーリ園
平成13年度
卒園

答えは示されず 自分で考える経験が 問題解決能力を育んだ

会計監査
（サンフランシスコ在住）
辻 香緒里 さん

お仕事への取り組みが答えを導く訓練に

子どもの家では先生から答えは教えてもらえず、時間がかかっても自分で問題を解かなくてはいけません。でもそのおかげか、どう問題を解決すればよいか考える癖がつきました。この問題解決能力は、社会人になってからも大切だと痛感しています。解き方はさまざまありますが、最後には答えを導き出さなければなりません。モンテッソーリのお仕事によって、いろいろな方法で答えにたどり着く訓練ができたのではと、いま振り返って思います。

親からのメッセージ

自由が尊重される環境で行動、決断できる子に

（母・敦子さん）

幼児期は特に、自分の意思で自由に行動させてあげたいと、子どもの家への入園を決めました。自宅でも、あれこれ私から指示をせず、積み木やブロックなどで自由にあそばせ、失敗を恐れず、新しいこと、知らないことでもひるまず挑戦するようにうながしていました。「自由に選ぶ」権利が尊重されているモンテッソーリ教育のおかげか、自分の意思で行動でき、決断できる子に育ちました。仕事をするようになってからは、多様な考えにも折り合いがつけられるようになってきたようです。

もくじ

Part 5

Interview 後編

Part 1

子どもたちに求められる「非認知能力」とは？

いま、メディアなどでも注目を集めている「非認知能力」。一般的には、学力テストなどのように点数では測れない能力のことを指しますが、具体的にはどんな能力のことなのでしょう。また、これからの時代、非認知能力が必要と言われている背景には何があるのでしょうか。

認知能力から非認知能力へ学校教育の評価基準が変わる！

必要とされるのは知識のインプットから非認知能力へ

いま、日本の教育は大きく変わろうとしています。２０２０年度から小学校では新しい学習指導要領がスタート。新しい学習指導要領では、

①知識及び技能
②思考力、判断力、表現力等
③学びに向かう力、人間性等

という3つの柱で生きる力を育むと謳っています。このなかで特に注目したいのは、「学びに向かう力、人間性など」です。この「学びに向かう力」や「人間性」は、テストで点数をつけることができません。点数などで数値化することができないこのようなスキルを「非認知能力」と言います。具体的には、根気よく物事を続ける粘り強さ、チャレンジしようという意欲、うまくいかないときの気持

ちの切り替え、コミュニケーション力や他者への思いやりなどはすべて非認知能力です。

一方、これまで学習の中心であった読み書きそろばん、ＩＱなどは、点数で測りやすいスキルです。点数によって〝認知〟＝見える化しやすい能力なので、「認知能力」と呼ばれ、学校の成績や評価、受験などにおいても重要視されてきました。しかし、**ＡＩ（人工知能）をはじめとするイノベーションが起こり始めているいま、必要とされ始めているのは、認知能力ではなく、非認知能力です。**

学力だけでなく非認知能力が求められる背景とは

学習指導要領の改訂に伴い、大学入試も大きく変わろうとしています。従来のように「どれくらい知識を持っているか」を問うだけでなく、「ある物事に対してどのような考えを持っているか」「高校時代までにどんなことを頑張ってきて、そこから何を学んだか」などといったことを、面接、プレゼンテーション、グループディスカッション、論述式の問題などで答える方式をとる大学が増加。２０２０年現在、日本の入試制度のなかで約10％を占めています。さらに今後は30％に及ぶのではと予測されています。

その背景にあるのは、第一にＡＩ時代の到来です。いまから約25年後の２０４５年、科学技術が飛躍的に進歩し、社会が大きく変革する「シンギュラリティ（技術的特異点）」を迎えると言われています。ポケットベルからスマートフォンの全盛期に変わるまでが25年ほどでした。それでは、スマートフォンの25年先は一体どうなっているのでしょうか。おそらく、いまの私たちが想像できないような科学技術の進歩が待っており、それに伴って社会構造も大きく変わり、働き方も変わると予想されます。そしてもう一つの背景として忘れてはならないのが、「人生100年時代」です。医療技術の進歩などにより、2007年生まれの子どものうち半数が107歳より長く生きると言われています(※1)。人生100年時代を生き抜くためにも、時代の変化に柔軟に対応し、貪欲に学んでいく姿勢がより一層求められるようになりました。

こういった社会の変化のなかで、働き方や生き方も変わっていくことを認識しなくてはいけません。社会が変化すれば人間の役割も変化します。人間に求められる能力が変わるからこそ、教育のあり方も変わっていきます。これからは、有名大学に入学するために認知能力ばかりを身につける時代ではありません。ましてや、一流企業に入社できたからといって、一生安泰とも限らないのです。ですから、大人から認識を変え、変化に対応できる柔軟性を持つ必要があります。

非認知能力の3つの枠組み

非認知能力は、2000年にノーベル経済学賞を受賞したシカゴ大学のジェームズ・J・ヘックマ

(※1) 首相官邸ホームページ「人生100年時代構想会議　中間報告」
http://www.kantei.go.jp/jp/singi/jinsei100nen/pdf/chukanhoukoku.pdf

ンがはじめて提唱した概念です。

　ヘックマンは非認知能力に関する就学前教育を幼稚園で実施し、その子どもたちが大人になるまで調査をしました。その結果、就学前教育を受けた子どもたちのほうが受けていない子どもたちに比べて、学歴や年収が高く、犯罪率も低かったのです（下グラフ参照）。そのため、これからは目に見えやすい認知能力だけを伸ばすのではなく、目に見えにくい非認知能力にも注目して、教育や子育てをしていく必要があることを、長年にわたる調査結果から提言しています。

　非認知能力は決して新しい能力ではなく、たとえば、コミュニケーション力、他者への思いやり、忍耐力、意欲などといった能

ペリー就学前プロジェクトの効果

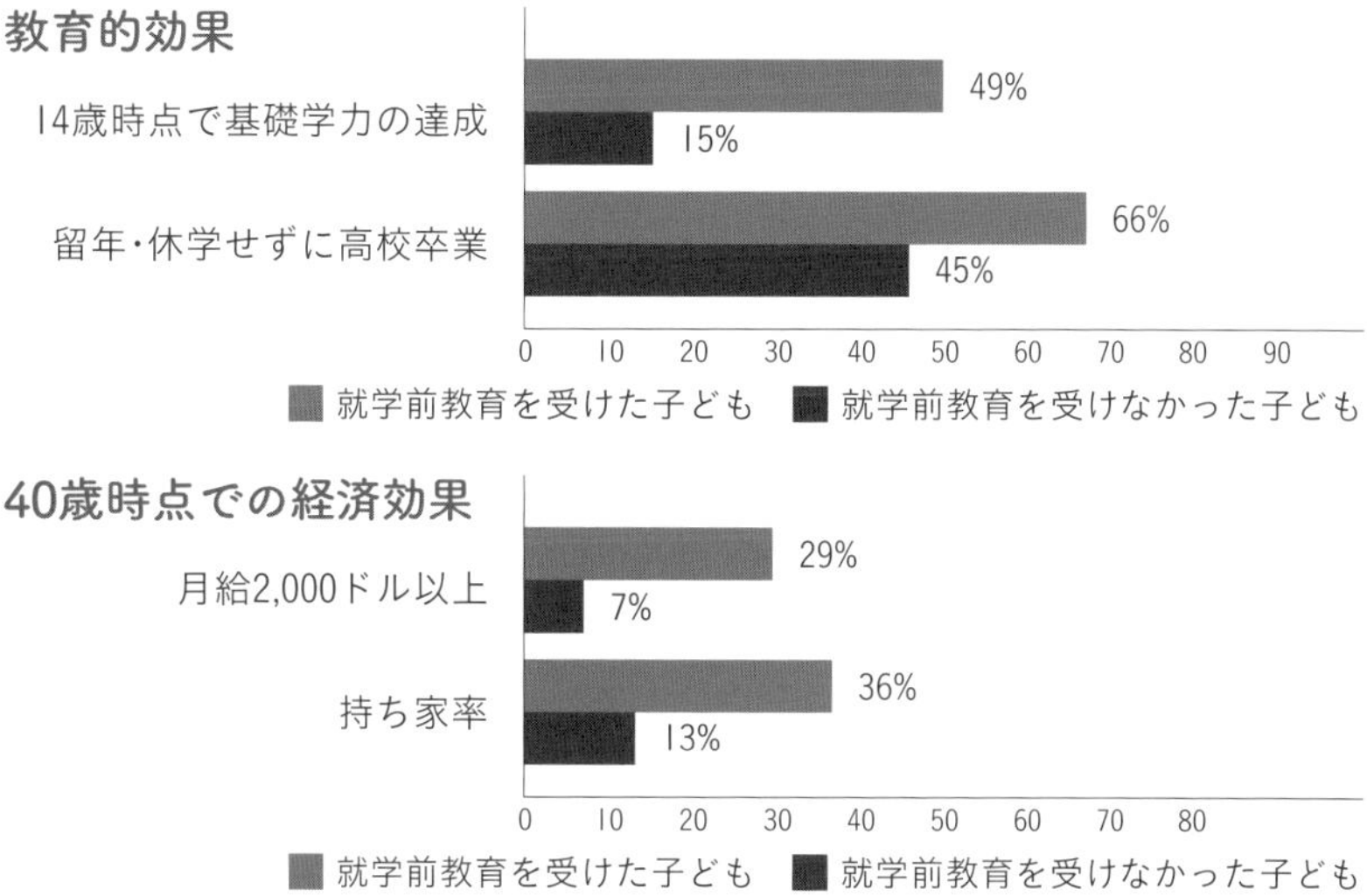
教育的効果
14歳時点で基礎学力の達成
49%
15%
留年・休学せずに高校卒業
66%
45%
0 10 20 30 40 50 60 70 80 90
就学前教育を受けた子ども
就学前教育を受けなかった子ども
40歳時点での経済効果
月給2,000ドル以上
29%
7%
持ち家率
36%
13%
0 10 20 30 40 50 60 70 80
就学前教育を受けた子ども
就学前教育を受けなかった子ども

出典：『幼児教育の経済学』（ジェームズ・J・ヘックマン著、大竹 文雄 解説、古草 秀子 訳／東洋経済新報社）より

力は、これまでの日本の教育現場でも重視されてきました。ただ、点数化できない能力のため、点数として測れる認知能力に比べて、大学入試などの場面では特に軽視されがちだったのかもしれません。

このように多岐にわたる非認知能力ですが、以下の3つの枠組みで整理できます。

①自分と向き合う力＝自分を維持・調整できる

自制心、忍耐力、レジリエンス（回復力）など。

②自分を高める力＝自分を変革・向上できる

意欲・向上心、自尊感情、楽観性など。

③他者とつながる力＝他者と協調・協働できる

コミュニケーション力、共感性、社交性・協調性など。

3つ（自分×2＋他者）の枠組みで表せる非認知能力

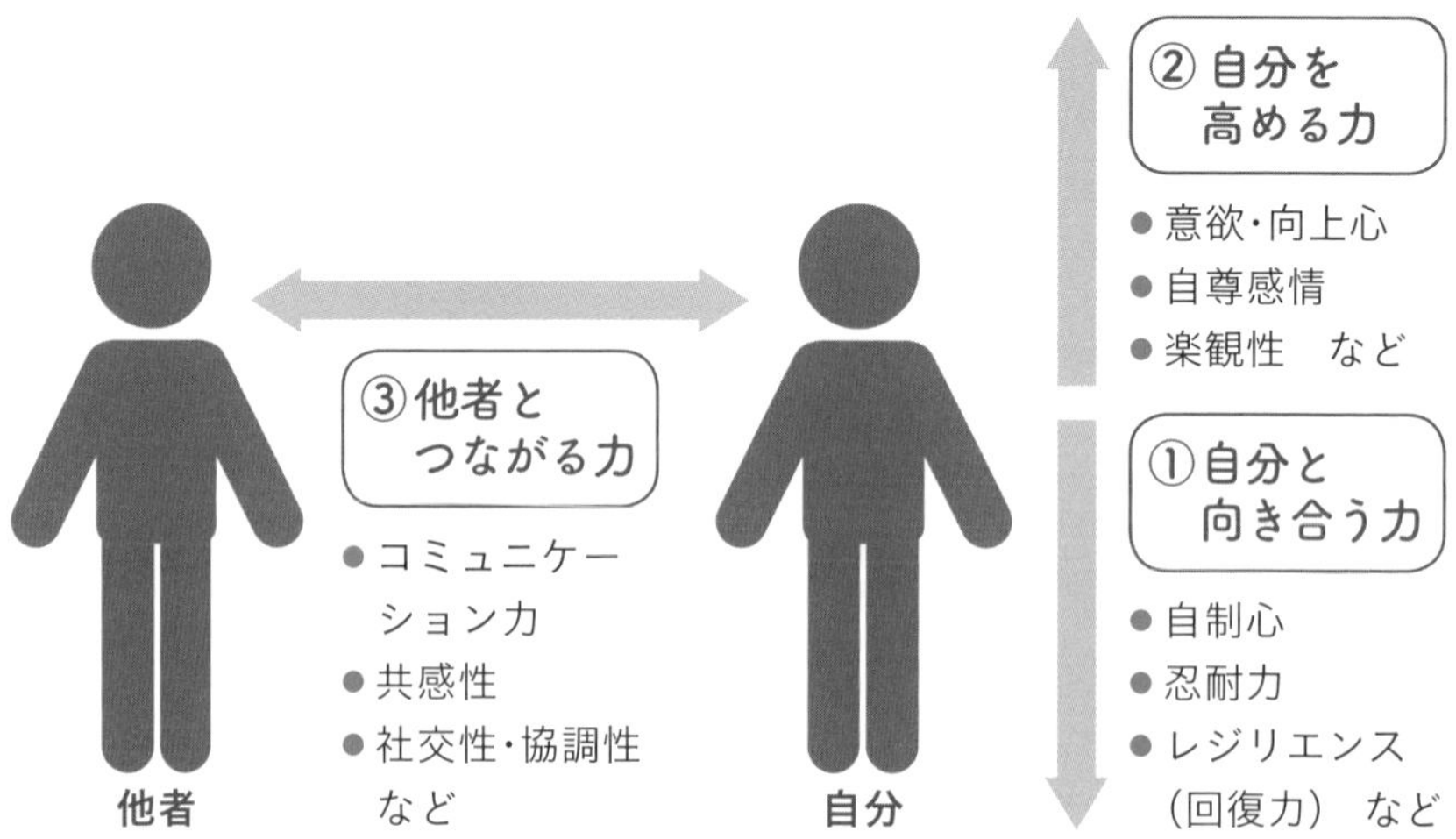

これからの社会で重視されていく非認知能力

今後、変わっていく就業構造

次は、仕事という観点で非認知能力を見てみましょう。これまで、就業構造は主に以下の二つによって成り立ってきました。

一つめは情報を処理して管理・指示する役割です。これまではこの役割を担う人がいないと、仕事は成り立ちませんでした。

もう一つは他者と関わりながら、物事を進めたり変えたりする役割です。たとえば保育士、学校の先生、看護師、介護福祉士などがこの役割にあたります。

２０１５年の野村総合研究所の試算によると、この先10～20年ほどの間で、日本の労働人口の49％がＡＩ（人工知能やロボットなど）に仕事をとって代わられる可能性が高いと言われています。これが現実となれば、この就業構造にも変化が訪れそうです。

AIと共存するために人間ができること

ＡＩがもっとも得意とするのは情報処理です。24時間365日、不眠不休で人間より速く、そして正確に情報を処理して管理・指示することができます。ですから今後は、情報処理の役割はＡＩに任せてしまうほうが効果的、かつ効率的になってくるでしょう。

その一方、「他者と関わりながら、物事を進めていく」のは、ＡＩが苦手とする役割になります。特に、他者とのコミュニケーションを進めるときに大切になる〝解釈〟は、人間がもっとも得意とするところです。

たとえば、子どもが浮かない表情をして帰ってきました。心配になって「どうしたの？　何かあったの？」と聞くと、子どもは「大丈夫」と答えたとします。

このとき、「大丈夫」という言葉をそのまま判断するのがＡＩ、「大丈夫」という言葉の裏にある感情を、表情や言い方などから読み取って「もしかしたら、何かあったんじゃないかな？」と解釈できるのが人間なのです。**この解釈できる力を持っている人間は、他者との関わりが必要な場面において、とても大きな力を発揮します。**

加えてもう一つ、ＡＩにはできないのが「意欲を持って創造的に課題を解決する役割」です。課題は「目標」とも言い換えられますが、たとえば、「世界的な環境問題を解決したい」といった目標があるとします。

　この目標を設定することは、現状、ＡＩにはできません。インターネットでルート検索をされたことのある方はイメージがつきやすいと思いますが、目的地を指定すると、「こういう行き方だと交通費が一番安い」「時間的に早く着くのはこの行き方」などと、瞬時にＡＩが教えてくれますよね。つまり、人間が目標設定をすることでＡＩはルート設計ができるわけで、言い換えれば、**人間が目標設定をしない限り、ＡＩは私たちを助けることができない**のです。

　また、この目標を設定するときに重要なカギとなるのが「意欲」です。「この問題を解決したい」「最後まで成し遂げたい」という意欲がなければ、具体的な目標を設定するのが難しいからです。そして、うまくいかなかったときに、**失敗から学んで上手にトライアンドエラーしたり、新しい発想でアプローチを試したりするスキルも、この「意欲を持って創造的に課題を解決する役割」では重要な非認知能力になる**でしょう。

　いままで人間が頑張ってきた認知能力の部分を、これからは認知能力の塊であるＡＩに任せていく時代。ＡＩと上手に共存して、人間だからこそできる役割を突き詰めていくことが大事になっていきそうです。

非認知能力を育む時期と伸ばす時期

小学校中学年が非認知能力の伸び盛り

これまで教育の場面で重視されてきた記憶学習などの認知能力は、脳科学的に言うと脳の下部にある側頭葉が司ります。一方、**おでこの裏側にある、前頭葉の前頭前野が司るのが非認知能力**です。基礎レベルの非認知能力は自己肯定感を土台として乳幼児期からも成長していきますが、ぐんと伸びるのが「ギャングエイジ」と呼ばれる小学校3、4年生くらいからと言われています。ですから、

おでこの裏側は小学校中学年から伸びる

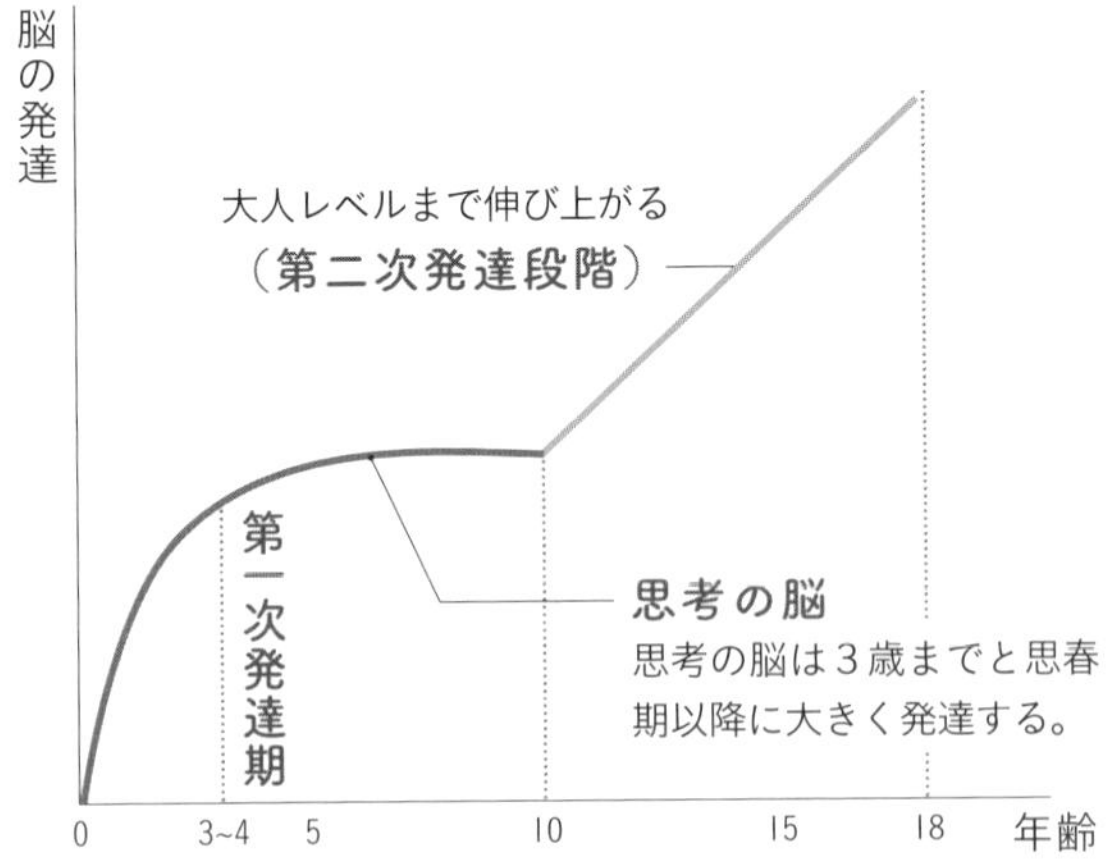
脳の発達
大人レベルまで伸び上がる
（第二次発達段階）
第一次発達期
思考の脳
思考の脳は3歳までと思春期以降に大きく発達する。
0
3~4
5
10
15
18
年齢

参考：「川島隆太教授と考える『うちの子の未来学』」（宮城県・宮城県教育委員会）をもとに作成

この伸び盛りの時期に「たくさん覚えさせよう」と認知能力だけを重視するのは、非常にもったいないことです。

この時期こそ、自分の意思で意欲を持って取り組んだり、失敗から学んでまたチャレンジしたり、他者とコミュニケーションをとって何かをつくり上げたりする、非認知能力を育むための体験・経験が重要となります。さらにもっと言えば、非認知能力を伸ばすには、幼少期の非認知能力の基となるベースづくりが大事になります。

非認知能力のベースは「自己肯定感」

非認知能力であれ、認知能力であれ、能力を存分に発揮するためにはしっかりした土台が必要です。この土台となるのが「自己肯定感」です。

自己肯定感とは、ありのままの自分を認めることができる感覚のこと。「できる自分」だけを認めるのではなく、苦手なものやできないものもある「ありのままの自分」を認め、受け入れ、自分を尊重し、自分の全存在そのものを肯定できる感覚が、自己肯定感です。

そして、この**自己肯定感を育むための大事な時期が乳幼児期です。この時期に自己肯定感が育まれないと土台が不安定になるため、非認知能力や認知能力の伸びにも影響を及ぼしかねません。**では、自己肯定感はどのようにして育まれるのでしょうか。

親への信頼と上手なほめ方が、自己肯定感を高める

赤ちゃんは、お腹が空いたりおむつが濡れたり眠かったりすると、泣いて不快や不安な気持ちを伝えます。そこで不快や不安な気持ちを受け止め、和らげてあげると、赤ちゃんの負の感情は取り除かれて、親に対しての信頼感を強く持つようになります。**この信頼感が自己肯定感を育むための第一ステップ**です。

さらに、歩き始めて幼児期ごろになると意思を持つようになり、これをつかみたい、あそこに行きたいなど自己を主張し始めます。この**自己主張は、自立に向けた大切な発達段階であり、自己肯定感を育む、第二ステップ**の時期でもあります。この自己主張の時期に、親が上手にほめることで、子どもの自己肯定感は着実に育まれていきます。

では、上手なほめ方とはどういうものでしょうか――。それは、条件をつけないほめ方のことです。うまくできたときだけベタぼめして、できないときは叱る。これが、条件つきのほめ方です。このようなほめ方をしてしまうと、「失敗する自分はダメな子なんだ」と、子どもが感じてしまい、自己肯定感は育まれません。**たとえ上手にできなくても、チャレンジしたことや最後まで続けた意欲などを**

ほめる。これが上手なほめ方です。

ほかにも、「助かったよ、ありがとう」「うれしいな」など、感謝を伝えるのも効果的です。言葉で表現するのが難しい人は、笑顔など表情で伝えたり、ハグやハイタッチなどスキンシップをはかったりするのもOKです。このようなほめ方をされた子は、「最後まで諦めないで頑張ってよかった」など、結果だけではなくプロセスも見るようになります。ありのままの自分を認めてくれる大人がいることで、自分の存在を大事に思うようになります。

叱るときはプラスの言い回しを心がけて

ただ、育児をしていると、ほめるばかりではなく叱らなければならない場面もでてきます。この叱り方にもコツがあります。

道路に飛び出すなど命の危険に関わる場合は大きな声で叱る必要がありますが、ちょっとしたいたずらなど、大人にとって困ることだからといって頭ごなしに叱るのは、自己肯定感を育む意味でも効果的ではありません。困ることや直してほしいところなどは、「○○してはダメ！」とマイナスな言い方ではなく、諭す言い方をします。

たとえば、お店で走ってしまう子どもに、「走ってはダメ！」と言うよりも「お店のなかでは人やものにぶつかると危ないから歩こうね」と諭すほうが、伝わる場合があります。あそびに夢中で帰ろうとしないなら、「言うことを聞きなさい」と叱るよりも、「（そのあそびを）あと3回したら帰ろうね」「時計の長い針が一番上に来たらおしまいね」など見通しをたてると、納得して終わらせることができます。

とはいえ、叱り方はケースバイケース。画一的なマニュアルはありません。人格を否定する言葉や感情的に叱りつけるのはNGですが、状況やその子の性格によって、厳しく叱るほうがよい場合もあるでしょう。また、親も人間なので、感情が抑えきれず、叱るのではなく怒ってしまうことがあるかもしれません。そんなときは、「イライラして怒りすぎちゃったね。ごめんね」と、子どもに謝れば大丈夫。素直に謝ることで、子どもにも気持ちが伝わるはずです。

児童期には自発的に取り組める働きかけを

第三ステップは、幼児期の後半から児童期前半での経験です。

この時期には、

①子ども本人が自分で決める
②自分でつくり出す
③仲間と何かを一緒にやる
④失敗を恐れず、自発的に物事に取り組む

などの経験が大切になります。

大人が具体的な指示を与えるのではなく、うながすことで自己肯定感がしっかりと養われます。

ちなみに、最近、「AとB、どっちがいい?」と聞くと、「どっちでもいい」とか「どうでもいい」と答える子どもが多く見られます。子どもは赤ちゃんのころから「こうしたい」という意欲の塊のはずなのに、なぜそういった子どもが増えているのでしょうか。

理由の一つとして、親が自分の意見を押しつけて、「Aにしなさい」と指示をしすぎていることが考えられます。

なかなか答えが出せずにいる子どもに、イライラすることもあるでしょう。でも、子どもが「どっちにしようか」と悩むのは、自分で決めようという意欲の表れです。それを横から「Aにしなさい」と指示することが続くと、自分の意思で決める意欲が削がれてしまいます。

幼児期以降に子ども自身の主張が出てきたら、できる限りつき合う。本人が自ら選ぶ経験を積み重ねることは、非認知能力を育むうえでとても大切です。

非認知能力を伸ばす時期に注意したいこと

このように、乳児期、幼児期前半、幼児期後半から児童期前半と、3ステップでしっかりとした自己の土台を築いた子どもが、「ギャングエイジ」期に非認知能力を育むための体験・経験を重ねることで、非認知能力はもちろん、認知能力もぐんと伸びると言われています。非認知能力において、乳幼児期の土台形成が大事だというのはこのような理由からです。

ここで、一つ誤解のないように触れておきますが、非認知能力を伸ばすことは、これからの時代にはとても大切なことです。だからといって、認知能力が不要なわけではありません。読み書きそろばんのような基礎的な認知能力は、これからの時代も必要です。その際に注意したいのが、「勉強＝させられるもの」と思わせないことです。

たとえば、本人が嫌がっているのに宿題を無理矢理やらせたり、強引に塾に通わせたりすると、勉強はイヤイヤしなきゃいけないもの、我慢してやるものと認識してしまう危険性があります。大事なことは、勉強は楽しいものと思えるような働きかけをすることです。方法としては、自己肯定感を育むときと同じで、ガミガミ叱ってやらせるのではなく、上手にほめてうながすことです。特に結果ではなくプロセスをほめながら、子ども本人が自発的に取り組めるようにしてみてください。そうした働きかけを積み重ねることで、小学校高学年から中高生くらいになると、さらに高度な認知能力を身につけようと意欲を持つようになります。「勉強」によって認知能力を伸ばすうえでも、非認知能力は大きく関わっているのです。

大人になってからも非認知能力は伸びる

非認知能力を伸ばしていくのに大事な時期は児童期と説明しましたが、「うちの子はもう中学生だから、手遅れだわ」と感じた方も、どうか安心してください。非認知能力は大人になってからも伸びる能力です。気づきさえ得られれば、大人になってからでも伸ばすことができます。

非認知能力を伸ばすのに大事なのは、これまでも説明してきたとおり、自分で選択すること、さまざまな体験を積み重ねることです。

親の言いなりになるのではなく、子ども自身の興味の赴くまま、さまざまな体験をできるようにしてあげてください。中高生であれば、部活動、ボランティア活動や趣味など、学校以外での新しい体験の場も非認知能力を高めるきっかけとなります。

もちろん、日常のなかで新しい体験の場を探すのは簡単なことではありません。自分で探し出して選択できるのが一番ですが、子どもによっては、自分で探すこと自体が難しい場合もあるでしょう。そんなときは、子どもに合いそうなものを親がいくつか見つけてきて、そのなかから選べるようにするというのも手です。最初は受動的な体験だとしても、そこから何かの〝気づき〟を能動的に見つけられるようになることは少なくありません。

さらに、その体験が深まっていくと、自分の役割が見えてくるはずです。部活動であれば、先輩や上級生としての役割のほかに、キャプテンや部長、会計などの役割を持つケースもあります。役割を持つことで「自分はこういう先輩になろう」「キャプテンになろう」と責任感を抱くなど意識が変わっていきます。また、自分に役割があると感じることで、自己肯定感も育まれます。

こうして、さまざまな体験を通して自分のするべき役割を認識、経験することで、非認知能力を伸ばしていけるのです。

非認知能力を伸ばすカギは柔軟性と謙虚さ

スタンフォード大学のキャロル・S・ドゥエックは『マインドセット「やればできる！」の研究』という著書のなかで、「柔軟に物事をとらえようとするマインドセットを持てば、人は成長し続けることができる」と語っています。この**しなやかなマインドセットがあれば、失敗や過ちも正面から受け止めることができ、人は成長していく**。その一方で、能力は生まれつきのもので人は変われないという凝り固まったマインドセットを持っていると、一度の失敗で挫折を感じてしまい成長できない、とドゥエックは説いています。いわゆる「柔軟性」という心のあり方ですね。

日本では古くから、この柔軟性を持つために「謙虚さ」を大切にしてきました。知ったかぶりをするのではなく、自分の足りない部分や自分の現在地を客観的にとらえ、後輩や部下、さらには子どもたちからも謙虚に学ぼうとする姿勢を持てば、大人になっても非認知能力を伸ばせるようになるはずです。

ですから、非認知能力を伸ばしたいと考えている人は、柔軟に謙虚に物事をとらえていくよう心がけてみてください。

非認知能力とモンテッソーリ教育の親和性

観察することが子どもの成長を助ける

子どもの自己肯定感を育むためには、ありのままの子どもを認めることが大事とこれまで説明してきました。大人が自分の理想を子どもに押しつけるのではなく、子ども本人が自分で自分のやるべきことを選び、それを認めてもらうプロセスによって自己肯定感が育まれ、自信を持って自分の道を進めるようになっていきます。そのために必要なのは、あれこれと世話を焼き、手をかけすぎることではありません。**子どもがいま何に興味があるのか、何を求めているのか、よく観察することです。そして、その観察を大事にしているのがモンテッソーリ教育**です。

子どもには何かに夢中になる時期があります。飽きることなくどんぐりを拾い続けたり、延々とアリの行列を眺めていたり、何かを熱心に並べたり……。その夢中になる時期をモンテッソーリ教育では「敏感期」という言葉を使って説明します（詳しくは52〜53ページ参照）。

大人は、子どもがいま関心を持っているものが何なのか、子どもの目線、指先の動き、活動を繰り返す回数などを観察しながら読み取っていきます。「このあそびをやってほしい」「こうやってあそぶべき」という理想は決して押しつけません。

敏感期にある子どもは、驚くほどの興味と情熱を持って、「にぎる」や「つまむ」などの能力を獲得しようとします。そして、子どもたちは自然と集中して物事に取り組むことができるようになり、最後までやり遂げようという意欲も高まっていきます。

また、どうすればうまく物事が進むかをよく考え、自分が本当に何をしたいのか、すべきかを、判断できる力が磨かれていくのです。

そして、自分の選択を尊重されることで、自分をわかってもらっているという安心感が生まれ、親との信頼関係も深まり、情緒も落ち着いて心が安定していきます。

そう、この**モンテッソーリ教育によって育まれる、自分で選ぶ力、集中力、最後までやり抜く根気、意欲、心の落ち着きこそが非認知能力**です。それは決してテストで測れるものではありませんが、必ずこの先の時代に、自分で自分の道を選び、目標を持ってチャレンジし、たくましく生きていく力となり大切な能力となってくれるはずです。

次章では、モンテッソーリ教育について詳しくご紹介しましょう。

Column
1

モンテッソーリ教育を受けた著名人

わずか14歳でプロ棋士となり、その後次々に最年少の記録を塗り替えている天才棋士の藤井聡太二冠が、幼児期に受けていた教育として一躍話題になったモンテッソーリ教育。さらに日本に比べてモンテッソーリ教育の認知度が高い世界に目を向けると、さまざまなジャンルの著名人が幼少期にモンテッソーリ教育を受けていたことが知られています。なかでも、Google創業者であるセルゲイ・ブリンとラリー・ペイジはGoogle成功の秘訣について聞かれた際、「モンテッソーリ教育が根底にある」と語るほど、モンテッソーリ教育に大きな影響を受けたそうです。ほかには、どのような著名人がモンテッソーリ教育で育ったのでしょう？

［モンテッソーリ教育を受けていた主な著名人］

- バラク・オバマ（前アメリカ合衆国大統領）
- ウィリアム王子、ヘンリー王子（イギリス王室）
- セルゲイ・ブリン＆ラリー・ペイジ（Google創業者）
- ビル・ゲイツ（Microsoft創業者）
- マーク・ザッカーバーグ（Facebook創業者）
- ジェフ・ベゾス（Amazon創業者）
- アンネ・フランク（『アンネの日記』著者）
- ジョージ・クルーニー（俳優）
- ビヨンセ（歌手）
- 藤井聡太（棋士）

Part 2

非認知能力を伸ばす モンテッソーリのメソッド

モンテッソーリ教育は、19～20世紀にイタリアで活動した、医師であり教育者であるマリア・モンテッソーリが提唱した教育法です。彼女が子どもたち一人ひとりを観察し発見したのは、子どもは誰でも自分を育てる能力があるということでした。モンテッソーリ教育によって、子どもの非認知能力はどのように育まれていくのでしょうか。

モンテッソーリ教育の土台となる考え方

パンくずを熱心に拾う子どもからヒントを得て

モンテッソーリ教育は、19世紀末～20世紀半ばに医師、教育者として活動したマリア・モンテッソーリが提唱した教育法です。１８９６年、女性としてイタリアではじめて医学博士号を取得したモンテッソーリは、ローマ大学附属精神科病院で障がいのある子どもたちを担当していました。ある日、床に落ちたパンくずを熱心に拾い集める子どもを見たモンテッソーリ。注意深く観察してみると、その子どもがパンくずを拾っているのは、お腹が空いているからではなく、手や指先を動かして感覚的な刺激を得ようとしているからだということに気づきます。

これがきっかけで、モンテッソーリは指先を使う「はめこみ円柱」を考案。それを障がいのある子どもに渡して研究を続けたところ、この円柱であそんでいた知的障がい児の知的水準が高まったことがわかったのです。

「敏感期」が子どもを成長させる

さらにモンテッソーリは、子どもたちの観察を続けるなかで、子どもには誰でも「敏感期」があり、その時期に何かにものすごく夢中になって活動すると、驚異的な集中力を発揮することに気がつきました。

敏感期は、もともとはオランダの生物学者ド・フリースが発見した考え方で、すべての生物は、一生の土台となるものに対し感受性が高まる特別な時期があって、それが幼少期に訪れるというものです。モンテッソーリはそれを子どもの行動でたしかめ、教育の目的に応用できると確信したのです。

モンテッソーリによると、**敏感期にある子どもは自分の活動に集中し続け、自分の納得のいくタイミングですっとその活動をやめ、達成感に満ちた表情をするそうです。子どもには自然の定めた成長のステップがあり、これに基づき、6歳ぐらいまでにさまざまな敏感期が訪れる**とモンテッソーリは語っています。

この敏感期は、子どもを成長させる大事なプロセスであり、幼児期の子どもたちには誰にでも訪れると言われています。この時期だけの貴重な感受性にしっかり寄り添えるよう、大人として準備をしておきたいものです。

生きるために必要な能力は4段階で発達していく

6年ごとの発達段階に合わせたアプローチを

さらにモンテッソーリは、子どもの発達を4段階に分けて考えました。具体的には、発達が顕著な0～24歳までの時期を、6年ごとで4つに分けています。24年のなかでも、もっとも大事な時期は、0～6歳までの幼児期とモンテッソーリは考えました。その理由は生きるための大切な能力が得られる「敏感期」が集中するからです。

●第1段階（0～6歳の幼児期）

数々の敏感期が訪れる時期で、モンテッソーリは「人生を生き抜いていくために必要な能力の80％が、この幼児期に備わる」と強調します。そのため、この時期に五感をフルに使ってさまざまな体験をすることで、人生を力強く生きるための土台が備わっていくとされます。特に変化が大きいこの時期は、無意識のうちに環境全体を吸収していく0〜3歳と、周囲を意識しながら吸収し、3歳までに吸収したものを整理づけていく3〜6歳の2つに分けるのが一般的です。

●第2段階（6〜12歳の児童期）

友だちとの関係が深まり、一緒に何かをつくったり、やり遂げたりと、コミュニケーション力や想像力が育まれる時期です。特に小学校3、4年生あたりはいわゆる「ギャングエイジ」と呼ばれる時期で、自分たちの価値観に合わせてグループをつくるようになります。自立、親離れの準備段階とも言えるこの時期は、幼児期に原体験をしていることにより、さらに知的欲求や思考力が高まるとされています。

子どもの発達4段階

モンテッソーリでは誕生から24歳までの発達を４段階に分けて考えます。

幼児期［０〜６歳］
Infancy
数々の敏感期が訪れ、大きく成長。本物に触れたい時期。

児童期［６〜12歳］
Childhood
モラルと道徳心が生まれ想像力が豊かに。友だちが大事になる時期。

思春期［12〜18歳］
Adolescence
心身が大きく変容する時期。倫理的、社会的な基礎を築く時期。

青年期（成熟期）［18〜24歳］
Maturity
地球人としての意識が芽生え、社会貢献が考えられるまでに成長。

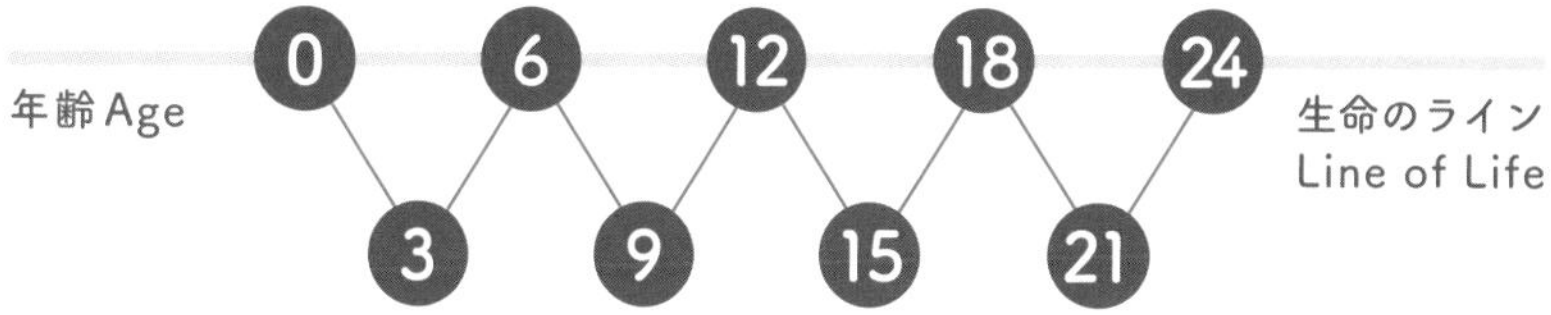
年齢 Age
0
3
6
9
12
15
18
21
24
生命のライン
Line of Life

●第3段階（12〜18歳の思春期）

ホルモン分泌が活発になり第二次性徴が起きて、心身共に大きく変化する時期。親よりも友だちや信頼のおける教師などから影響を受け、自分の世界観を築いていきます。日本では「反抗期」とも呼ばれますが、自分の内面を見つめ直す時期でもあり、反抗的な態度をとったり理想と現実とのギャップに悩んだりして、倫理的、社会的な基礎を体得していく、自立に向けた大切な時期です。

●第4段階（18〜24歳の青年期）

思春期に自分の内面に向かっていたエネルギーが外へ向けられるようになり、社会に貢献するために自分自身の役割について考えるほど、成長していきます。

また、モンテッソーリは「新しい段階に順調に入っていけるかどうかは、その前の段階をいかに充実して終了してきたかにかかっている」と語っています。これは、編みもので一目編み落としたら後でほどけてしまう「編み落とし」の例えと同じで、思春期に親のいいなりになって反抗もしない〝いい子〟でいすぎると、自分で考える力が育たず、青年期になって自立できないケースも指摘されています。そのため、段階を飛ばさずに一段一段歩んでいけるよう、大人として見守ることが大切です。

子どもの「敏感期」を知れば育児が楽になる

幼児期に訪れる「敏感期」にはどんなものがあるの？

子どもの成長段階でモンテッソーリが特に重要視したのが、0～6歳に集中して訪れる敏感期でした。ある特定のことに強い感受性を持ち、集中し、簡単に吸収してしまう幼児期の敏感期は、大きく6つに分けることができます。

1. 言語の敏感期

お母さんのお腹のなかにいるころから、赤ちゃんは周囲の声や音を聞いています。妊娠7カ月ごろには耳が完成し、胎児にも音が聞こえているそうです。2～5歳ごろには話し言葉の敏感期が訪れ、だんだんと会話でのコミュニケーションがとれるようになってきます。さらに3歳半過ぎになると、文字に対しての敏感期が訪れる子どももいます。

言語の敏感期におうちでできること

子どもにたくさん話しかけてください。ゆっくり、はっきりと語りかけるのがポイントです。その際、小さな子だからと赤ちゃん言葉を使う必要はありません。一人の人間として大人と同じような言葉使いをするよう心がけましょう。聞いた単語を覚えるだけではなく、声のトーンや話し方も含めて、子どもはコミュニケーションを学びます。また、絵本の読み聞かせや歌を歌うことも、積極的に行うとよいでしょう。

2. 秩序の敏感期

生後数カ月から表れはじめ、2~3歳に最も強く表れるのが秩序の敏感期です。子どもは身のまわりの世界がどうなっているのかを、毎日、ものすごい勢いで吸収しています。ものが置いてある場所、何かをするときの順番などを無意識のうちに記憶しているため、秩序が乱れると混乱してしまうことがよくあります。たとえば、準備の手順が違うと出かけられない、食卓の席順が違うと怒る、洋服を着る順番にこだわる、散歩のルートがいつもと違うだけで大泣き、といったことがこの時期によく見られるのはそのせいです。

秩序の敏感期におうちでできること

子どもの安心感のために、この時期は特に「いつもと同じ」を心がけましょう。大人には些細な変化でも、子どもには大きな不安につながります。温かな家庭の雰囲気を大切にして、決められたルーティンを決められた順番で行うようにしてください。そして、ものはいつも同じ場所に置く、必ず元の場所に戻す、持ち主をはっきりさせることも大事です。引っ越しなどの際は、おもちゃはできる限り以前と似た配置にするなど、子どもが落ち着ける環境を整えましょう。

3. 感覚の敏感期

目（視覚）、耳（聴覚）、皮膚（触覚）、鼻（嗅覚）、舌（味覚）の五感を刺激するものに対して鋭敏になる時期です。いろいろなものに触れて肌触りを楽しんだり、急に食べものの好き嫌いが始まったり、音に敏感になったりと、五感の機能が洗練される時期が次々と訪れます。0〜3歳までは身の回りの感覚的な印象を吸収し、3歳以降になると、その溜め込まれた感覚的な印象を自分の頭で整理・分類していきます。ですから3歳まではさまざまな感覚を体感させ、3歳以降は言葉なども使って、感覚の分類を整理するお手伝いをするとよいでしょう。感覚がより鋭敏になると芸術性も磨かれます。

感覚の敏感期におうちでできること

バーチャルではなく、実物・本物に触れて、体で感じる経験をたくさんさせてあげてください。本物を見ることで色、形、大きさなどの差異を見極められるようになり、美しいもの、芸術的なもの、整理された状態などの感覚も育まれます。また、手で触れることで、感触、温度、重さなどの微妙な違いも体感できます。自然に触れ、風や雨の音に耳を澄ましてみれば、聴覚も研ぎ澄まされるでしょう。生活のなかに教材があふれているので、親子で一緒に感じてください。

4. 運動の敏感期

自分の思ったとおりに体を動かすことと、体を動かす訓練をする時期が運動の敏感期です。手足をばたつかせるだけだった赤ちゃんが、寝返りをうったりハイハイをしたりして運動を学び、一般的に1歳半くらいまでには歩けるようになります。さらにティッシュペーパーを箱から引っ張り出すなど、大人にはいたずらと思えるような手、指、腕を使った動作を繰り返すことで、体の動かし方を学んでいきます。3歳までには歩く、走る、蹴る、ジャンプ、持つなどの、体全体を使った動きを体得。3歳以降には、指先を使った細かな動きも習得して、さまざまな道具が使えるようになります。

運動の敏感期におうちでできること

3歳までは、ハイハイ、歩行、ものを持ったり運んだりといった大きな動きを獲得する時期です。人間は歩くことで体幹が鍛えられます。その体幹がその後の運動機能にも関わってくるので、たくさん歩かせるようにしてください。また、3歳以降は手指を使った細かな動きも身につけていきます。大人の真似が大好きなので、洗濯ものをたたむなど一緒にできる簡単な家事もおすすめです。敏感期を過ぎて体や手指を自由に動かせないと、いろいろなことが面倒になり、楽をすることを考えるようになります。体を動かす楽しさをこの時期にぜひ体感させてください。

5. 数の敏感期

自分の年齢やエレベーターの階数ボタンに興味を示したり、お風呂で1~10まで唱えたりするなど、数に強い関心が出てくる時期です。一般的には4~6歳くらいまでに数の敏感期が訪れる子どもが多いと言われます。こうした敏感期に数への理解が深まり、序列だけではなく、ものを集めたり分けたり並べたりしながら量と数の概念を整理していくことで、徐々に論理的な思考ができるようになっていきます。

数の敏感期におうちでできること

数に親しむ活動をするときに注意したいのは、教えるのではなく一緒に楽しむこと。数に興味を抱いているからといきなり足し算を教えるなど勉強を目的にするのではなく、おはじきやお手玉などのあそびで、楽しみながら数と触れ合いましょう。また、お風呂で10まで数える、階段の段数を数えながらのぼる、おやつを同じ数ずつ一緒に配るなど、生活のなかでたくさん数に触れることもできます。順番、量など、いろいろな角度から数に親しんでみてください。

6.文化の敏感期

5、6歳になると、言葉や数など身近なものから、子どもを取り巻くあらゆる世界、つまり文化の領域へと一層興味が展開されていきます。その興味は、身のまわりの生きもの、宇宙、地理、世界、歴史、造形美術、音楽など多岐にわたるものです。興味を抱いた分野に関しては、分厚い図鑑なども黙々と読み込むほど夢中になります。一般的に文化の敏感期は5、6歳ごろから9歳ごろまで続き、この時期に多くの物事や人に接することで、社会のなかでの自分の役割を明確化できるようになると言われています。

文化の敏感期におうちでできること

好奇心が旺盛な時期は絵本を読んであげたり、一緒に図鑑を開いて見るなど、子どもの興味が深まる環境を用意しましょう。また本物に触れることも大切です。海や山などで自然に触れたり、美術館や博物館へ行ったり、子どもの知的好奇心を刺激する活動を心がけてみてください。旅行に出かけたら、行った場所を地図で探したり、花を見たら図鑑で名前や種類を調べてみるなど、楽しく知識を増やすこともおすすめです。

敏感期は誰にでも必ず訪れますが、その表れ方は一人ひとり個人差があります。大切なのは、子どもが日々の活動のなかで何に関心を示しているか、どんなことにこだわりがあるのかをよく観察することです。大人にとって不可解な行動をしたときでも、「ひょっとしてこれが敏感期かも?」と推察できる視点が大事になってきます。また、敏感期だからといって、やってほしいあそびや活動(モンテッソーリ教育では「お仕事」と言います)を押しつけるのはNG。子ども本人の敏感期に基づいて子どもが自分で選べる環境を整え、子どものやりたい気持ちを尊重するようにします。

（胎内）
0歳
1歳
2歳
3歳
4歳
5歳
話し言葉の敏感期
胎児期の7カ月〜3歳前後
文字に対する敏感期
3歳半〜5歳半
物事の順番や置く場などのこだわり
6カ月〜4歳前後　その後ゆっくり消えていく
感覚の探究、溜め込み
0歳〜3歳
感覚的印象の整理、分類、秩序化
3歳〜6歳
運動機能の発達
0歳〜3歳
洗練、調整された運動
3歳〜6歳
たとえば自分の年齢、月日
4歳〜6歳
たとえば動物・宇宙・世界のこと
5歳〜9歳
敏感期のサイン
❶何かに集中している
❷同じことを繰り返している
❸笑顔で楽しそう

参考：『モンテッソーリ教育が見守る子どもの学び』（松浦公紀著／学研）
注）表れる年齢の幅や敏感期の表記は、文献によって異なる場合があります。

モンテッソーリが唱える敏感期の子どもの特徴

主な敏感期	子どもたちの特徴
言語の敏感期	環境にある言葉を丸ごと吸収できる。胎児7カ月～3歳が話し言葉、3歳半～5歳半が文字に対する敏感期。「これなあに？」「なんでするの？」という言葉が出てきたら、それは、言葉を習得しようしているサイン。
秩序の敏感期	場所、順序、時間、所有、習慣などが一定でないと、心が穏やかでなくなる。いつもと同じにこだわる。大人にとっては些細と感じるような「秩序」にこだわり、秩序が崩れると激しく泣いたり怒ったりすることも。
感覚の敏感期	目（視覚）、耳（聴覚）、皮膚（触覚）、鼻（嗅覚）、舌（味覚）の5つの感覚器官が完成し、成熟していく時期。五感がより鋭敏になり、その感覚を楽しむ様子が見られる時期。
運動の敏感期	随意筋（自分の意思で動かせる筋肉）を自由自在に使いこなせるようになり、ありとあらゆる動きを全力投球でする時期。3歳までは体を大きく使う動きを身につけ、3歳以降になると指先を使った微細な動きも習得していく。
数の敏感期	自分の年齢にこだわりを見せたり、どんぐりや木の実を拾って配ったり、身のまわりにある数にまつわるものに興味を持つ時期。ものをたくさん集めるのに夢中になったり、数の多さを比較するなどの行動もよく見られる。
文化の敏感期	言語や数以外の宇宙、植物、動物などに興味・関心が出てくる時期。想像力が発達し、世界も広がる。知的好奇心が高まり、より詳しく知りたいという欲求を持つようになる。

やり遂げる経験が集中力や意欲を養う

モンテッソーリは「子どもが何かに集中しているときは、満足して自分からそれをやめるまで止めてはいけない」と語っています。誰に邪魔をされることもなく、納得のいくまである活動に集中した子どものなんとも言えない笑顔を見て、深く感動した経験がモンテッソーリの研究の原点でした。

そして、その集中する時間の積み重ねが、集中力や探求心、達成感、さらには安定した情緒を養っていくと、研究を続けたモンテッソーリは結論づけています。

私たち大人は、つい自分の都合を優先して「いつまでもそんなことやっていないで、早く○○して！」などと言ってしまいがちです。でも、強引にやめさせることで

子どもを成長させる5つのステップ

自由に活動する ◀ **繰り返す** ◀ **集中する** ◀ **達成感を持つ** ◀ **次への意欲につながる**

子どもの集中は途切れてしまいますし、子ども本人が納得していないと、最後までやり遂げる達成感も味わえません。

そのため、子どもが何かに夢中になっているときは、できる限り気がすむまでやらせてあげてください。そうすることで、子どもの集中力はさらに高まり、やり抜いたという達成感を味わえます。さらにそうした経験の積み重ねが、その後の意欲にも、関わってくるのです。ちなみにGoogle創業者であるラリー・ペイジも、「モンテッソーリ・メソッドの効果の源泉は、『自律と集中』にあり、それによって創造性が育まれる」とインタビューで答えています。

自分で選ぶ力を大切に

最近、自分で選ぶことができない子どもが増えていることを、31ページでもご紹介しました。親や教師など、大人が指示したとおりにしか動けず、受動的な子どもが増えてしまっているのは少し心配な状況です。モンテッソーリ教育は、小さなころから「自分で選ぶ」ことをとても大切にしています。いろいろな教具のなかから、いま自分がやりたいものを選ぶことで、子どもは自分の気持ちがよくわかり、意思をはっきりと示すことができるようになります。

小さい子どもは選択肢が多いと上手に選べないことも多いのですが、ある程度限られた選択肢なら、意外と自分の意思で決めることができるものです。その繰り返しで、自分で選ぶ力、つまり判断力が磨かれ、自分の意思をしっかりと表現できるようになっていきます。

人生は選択の連続です。「いま、何をする」が、「この先、何をしていこう」につながります。そう考えると、自分で選ぶ力は、自立していくうえでも大きな力を発揮するはずです。

もう一人のＧｏｏｇｌｅ創業者であるセルゲイ・ブリンも、「モンテッソーリ教育では、子どもに自由が与えられ、自分のペースで学び、何かを発見・選択することが推奨されている。私がいま、自分の好きなことを追求できているのは、この教育の賜物」と語っています。

自分の将来を自分で決められない子どもが多い

と言われるいま、自分の歩む道を自分で選び、自信を持って歩いていく力は、これからの時代に特に身につけてほしいスキルではないでしょうか。

モンテッソーリ教育で育まれる非認知能力

これまでに説明したモンテッソーリ教育で身につく力（集中力、意欲、判断力など）は、どれもＰａｒｔ１で紹介した非認知能力です。

モンテッソーリ教育というと、「お受験」や「早期教育」と結びつけて考えられることも多く、勘違いをされている方も少なくありません。たしかに、モンテッソーリ教育で身につく集中力や意欲、根気などによって、認知能力も伸びていく側面はあります。しかし、モンテッソーリ教育の本質はそこではありません。

モンテッソーリ教育の真の目的は「自立していて、責任感と他人への思いやりがあり、生涯学び続ける姿勢を持った人間を育てる」こと。これは非認知能力そのものと言えます。そのためにも、大人の価値観を押しつけず、子どもが自由に、そして自発的に興味のある活動に没頭できるような環境を大人がつくり、見守る必要があります。

それでは、親としてどのように子どもを見守っていけばよいのか、次ページでご紹介しましょう。

家庭でも心がけたい、モンテッソーリ教育の考え方

モンテッソーリ教育は大人の心構えから

「子どもは自らを成長・発達させる力を持っている」とマリア・モンテッソーリは考えました。この自分で成長していく力を存分に発揮できる環境が整っていれば、子どもは自発的に活動を繰り返しながら成長していく、というのがモンテッソーリ教育の根本的な考え方です。

そのため、モンテッソーリ教育では、大人（親や教師）が、「ああしなさい、こうしなさい」と口を出すことはしません。はじめて体験する活動では、余計な説明をせず、大人がただ黙ってゆっくりやり方のお手本を見せるだけです。子どもが質問をしてきたことに対しても、すぐに答えを用意するのではなく、一緒に考えながら子どもが答えを発見できるよう導きます。

つまり、大人は、子どもがどうしたいのかを汲み取り、子どもたちの自由で自発的な活動を援助する存在に徹することが望ましいと言えます。

そのために、次のことを普段から家庭でも心がけてみてください。

1. 自分で選ばせる

普段から、いま何をしたいか、今日は何を着るかなど、子ども本人が決める機会を与えるようにしてみましょう。選ぶのが苦手な子なら、幼いうちは大人が2つのものを用意してあげて、選ばせるのもよいでしょう。小さな選択をいくつも積み重ねることで、判断力も身についていきます。なお、種々雑多なものから選ばせようとすると、迷ってしまって決められずやる気も損なわれるので、適度に整理された環境を準備することも大切です。

2. 子どもを観察する

子どもが何かに興味を持ったら、できる限り子どもが納得するまでつき合ってあげることで子どもは成長します。そのためにも、子どもがいま何を求めているかを注意深く観察しましょう。たとえ、ものをわざと落とす、何かに見入ってしまって動こうとしないなど大人には少々困った行為でも、それが敏感期のサインかもしれません。いま子どもが自分で何を学ぼうとしているのかが理解できれば、不可解な〝子どものこだわり〟に、大人も翻弄されずにすむはずです。

3.環境を整える

環境が整っていると、敏感期が訪れたときに「集中現象」を起こしやすくなります。そのためにも、道具類を子どもサイズに合わせたり、自分で取り出しから片づけまでできるよう、子どもの手の届く場所に収納スペースをつくったりするなど、年齢に合わせた環境を整えてあげましょう。また道具は、子どもが壊すからとプラスチック製にするのではなく、ガラス、陶器、木などの本物を用意してください。そうすることで、慎重に扱わなければならない材質があることを知り、材質によるものの扱い方も感覚的に覚えていきます。

4.やり方を示す

子どもが興味を持った活動をするとき、大人はつい「こうやるんだよ」と言葉で教えてしまいがちです。でも、モンテッソーリ教育では基本的に言葉で教えることはしません。はじめに、「見ていてね」と声をかけてから、大人がやり方をゆっくり見せるだけです。その際、言葉での説明もできる限り少なくします。すると子どもはその様子を興味深く観察し、見よう見まねで体得していくのです。

この〝よく見て体得していく〟プロセスが、成長していくうえで大切になります。

5．一人で最後までやらせてみる

敏感期の子どもは、なんでも自分でやりたがります。「危ないからダメ」ではなく、安全に配慮しつつ、多少うまくいかなくても子どもが最後までやり遂げるのを大人は見守りましょう。一人でもできる家事（花の水やり、テーブル拭き、昆虫の世話、配膳、玄関掃除、靴の整理など）を任せて、責任を持って最後までやり遂げる経験を積むと自信につながり、活動意欲も増します。

6．見守る

子どもが何かの活動に集中しているとき、大人が思ったとおりのやり方ではなかったとしても、危険がない限りは黙って見守るようにしましょう。安易にほめたり訂正したりせず、子どもの自由にさせることが大切です。子どもが自分で考えて判断し、納得するまで活動を続ける経験が、子どもの集中力や判断力、意欲を育みます。そこに大人の思いをはさまないように注意しましょう。

専用の教具がなくても、身近なもので代用したり、環境を整えれば、モンテッソーリ教育は家庭で実践できます。この6つの心構えを忘れずに、子どもの成長・発達を見守ってあげてください。

Column 2

幼児期を過ぎてしまったけど、もう手遅れ？

「敏感期」は幼児期に集中して訪れるため、モンテッソーリは「敏感期を逃すことは、終バスに乗り遅れるようなものだ」と語るほど、敏感期を重視しています。ただ、たしかに敏感期は大切な時期ですが、「もう小学校に上がってしまったし、手遅れだ」と嘆く必要はありません。人間の脳は、訓練によって成長し続けるそうです。ですから、たとえ７歳を過ぎてしまっても、子どもがいまどんな敏感期にいるのかをよく観察し、そのときの敏感期に寄り添ってあげてください。

寄り添い方は年齢によって少しアプローチを変える必要があるかもしれませんが、人間は何歳になっても夢中になれるものがあるはずです。夢中になれるものとの出会いは、人を必ず成長させますから、ときには親がきっかけを与えて、子どもが自分で成長していくチャンスをいまからでもつくることをおすすめします。

子育てをしていると誰でも「あのとき、ああしておけば」と後悔することがあるでしょう。でも、失敗に気づいたり認めたりすることにより親の非認知能力も高まります。そして、そういった経験の繰り返しで、親も子どもも共に成長していけるのです。

Part 3

非認知能力を伸ばす「おうちモンテッソーリ」とは？

モンテッソーリ教育を実践している幼稚園や保育園に、子どもを通わせたくても近くにないなどの理由から、あきらめている家庭も少なくないはずです。そこで、自宅でも非認知能力が伸ばせる「おうちモンテッソーリ」を提案します。おうちで子どもとの時間を大切にしたいと考えている保護者のみなさん、ぜひ取り入れてみてください。

おうちモンテッソーリで使う「教具」とは？

生き方の基礎をつくる「お仕事」と「教具」

子どもには誰にでも、自分で自分を育てる力「自己教育力」がある、というのがモンテッソーリの考えです。ある特定の敏感期にいる子どもは、本人が自由に選んだ活動に思う存分集中できると、あらゆる非認知能力が伸びていきます。この敏感期における活動をモンテッソーリ教育では「お仕事」と言います。お仕事とはイタリア語のＬＡＶＯＲＯ（日本語訳：労働、仕事）の直訳です。子どもたち一人ひとりが、それぞれ置かれた環境のなかで「自分づくり」をするために、自身の感覚と運動能力を使って行うさまざまな活動を指します。そして、このお仕事を助ける道具が「教具」です。たとえば、何かをつかみたがる時期につかむ練習になる教具を使うと、子どもは夢中になってそのお仕事に取り組みます。夢中になって取り組むことで、つかむ練習を自然と繰り返し、手指の使い方を習得していきます。こうして子どもは、生きていくうえで必要な能力を身につけていくのです。

おもちゃと教具の違い

ペットボトルを握って振ったり、いろいろなところにシールを貼ろうとしたり、小石や葉っぱを排水溝の穴に落とすことに夢中になったり……。

子どもは、特別なおもちゃではなく、身近なものに興味を抱き無心になって取り組むことがよくあります。そうして、子どもたちは生きていくのに必要な能力を身につけていきますが、どこにでもシールを貼られてしまったら大人は困りますよね。そのときに活用したいのが教具です。

「教具」は「教える道具」と書きます。つまり、子どもの敏感期に合わせた教具を上手に活用することで、子どもはその教具から必要な能力を学び取っていくわけです。子どもの敏感期に合わせた教具を使えば、大人も困ることなく、子どもの活動を見守ることができます。

おもちゃと教具の違い

おもちゃ	●キャラクターなどで興味を引いている ●いつでもやめられる、こだわりがない ●目的が不明確である
モンテッソーリの教具	●敏感期に合ったものである ●満足するまでやめられない ●困難があっても続けようとする ●興味が絞られており、明確な目的がある ●子どもの扱いやすいサイズであり、材質や重さにこだわりがある ●華美な装飾がなく、シンプルで美しい

夢中になって取り組むという意味では、教具もおもちゃの一つと言えるかもしれません。ただ派手な効果音や光で刺激を与えたり、キャラクターで興味を引いたりという一般的なおもちゃとは大きく違います。**子ども本人が、いま感覚的に身につけたいと考えている能力を、大人が押しつけることなく、効率的に身につけることを助けるのが教具**です。

また、モンテッソーリ教育で使われる教具は、材質や色彩、重さにもこだわっており、五感を刺激する工夫が施されています。

「教具」の5つの領域を知る

モンテッソーリ教育における教具は、

①日常生活の練習　②感覚　③数　④言語　⑤文化

の5つの領域（分野）に分かれています。

土台となる①日常生活の練習が根幹となり、残りの4つの分野、②感覚、③数、④言語、⑤文化とつながっています。どれもが独立して存在するのではなく、左のイラストのように次から次へと枝葉に分かれていくイメージです。ですから、次の段階へと無理に進ませるのではなく、その子どものペースに合わせて、段階を踏んでいくことが大切になります。

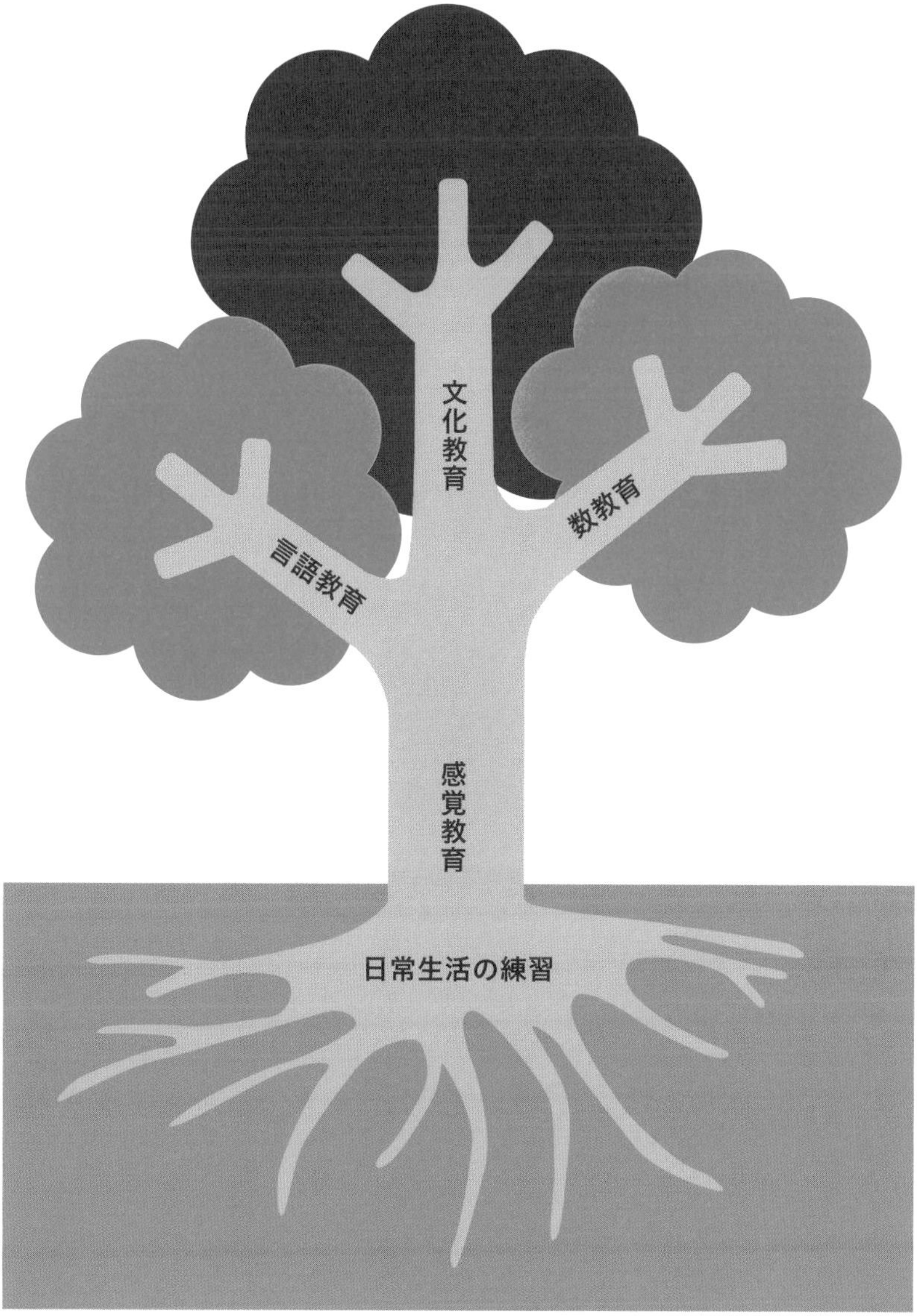

参考：『マンガでやさしくわかるモンテッソーリ教育』（田中昌子著／日本能率協会マネジメントセンター）より

非認知能力を伸ばすおすすめのおうちモンテッソーリ

非認知能力を伸ばすおすすめの教具と活動

モンテッソーリの教具には、数の理解を深める教具や、読み・書きにまつわる教具などいわゆる認知機能を高める教具と、非認知能力を伸ばす教具があります。それぞれ子どもには大事な領域ですし、たとえば数の教具だからといって算数的な認知能力だけを伸ばすものだと一概に言い切れない側面もあります。それは、どの教具も子どもの敏感期に基づいて与えるものであり、一つの教具でさまざまなスキルが育まれるからです。実際に、読み・書きの教具に取り組み続けることで、根気も養われますし、言語能力が高まることでコミュニケーション力も身につくと言われています。ただ、そのなかでも、特に非認知能力をしっかり伸ばすメニューはあります。

そこで、Ｐａｒｔ５では、おうちで０歳から取り組める非認知能力を伸ばすアイデア教具と活動を紹介しています。敏感期にぴったり合えば、夢中になってお仕事をしてくれるはずです。

非認知能力を伸ばすおすすめ教具と活動

Part5ではアイデア教具と活動を、この5つのカテゴリー別に紹介しています。

教具と活動	どんな非認知能力が育まれるか
日常生活の練習の教具	モンテッソーリ教育の基礎となる項目で、意識して洗練した動きを身につけることが目的です。具体的には赤ちゃんが何かを「つかむ」ことから始まり、手指や全身を使って日常生活の練習をします。そうして、体の使い方、手指の巧緻性、さらには集中力、注意力が育まれます。
感覚の教具	人間が周囲の現象や事象を認識するために使われるのが、視覚、聴覚、触覚、嗅覚、味覚といった五感です。五感で感じた後、記憶、想像、思考といった知性を働かせます。感覚教具によって感覚を洗練させることで、より豊かな表現力、想像力、思考力が養われていきます。
日常のお手伝い	日常生活の一環である料理、掃除、洗濯などをお手伝いすることを通して、体の使い方を学びます。家事は細かな動きが必要なため、繰り返すことで手指の器用性も高まり、さらに注意力、段取り力、集中力、思いやりなどの非認知能力が育まれます。
感性を育む	社会生活を送るうえで、コミュニケーションを円滑にするカギとなるのが、表現です。同じ出来事を伝えるにも、どんな言葉を選ぶのか、色で表すなら何色なのか、そのチョイスによって伝わり方は変わります。さまざまな表現方法を知り、蓄積していくことで表現に磨きをかけます。
日常の全身運動	盛んに体を動かしてさまざまなものを吸収していく時期が「運動の敏感期」です。モンテッソーリ教育では、体を動かすことにより精神・知性も発達すると考えています。たとえば、花に顔を近づけて匂いを嗅ぐ、この動作をしてはじめて子どもの思考に花の匂いが刻み込まれるのです。

守ってほしい5つのこと

1 子どもが思いっきりお仕事に取り組める環境を整える

やりたいと思ったお仕事に、できる限りスムーズに取りかかれることが理想です。そのためには、教具が選びやすいこと、そして落ち着いてそのお仕事に取り組める環境が整っていることが大切です。具体的には、以下のようなことに注意しましょう。

- ☑ 教具の選択肢を多くしすぎない
- ☑ 決まった場所に配置しておく
- ☑ 子どもの目線の高さを意識する
- ☑ 活動を安全に進められる、十分なスペースを確保する
- ☑ お仕事を行う場所(机など)を決める
- ☑ 途中で行ったり来たりしないように準備しておく

2 子どもが扱いやすいものを用意する

用意した教具は、子どもに合ったサイズになっていますか？　子どもが取り扱いやすい大きさ、重さ、形状であるか、子ども目線に立って確認をしてください。また、年齢的に危険でなければ木、ガラス、陶器など、できるだけ本物を与えましょう。本物の材質に触れることで、ものをていねいに扱うことを覚えていきます。

ぞうきんも子どもサイズに！

おうちモンテッソーリで

3 領域のつながりを理解し、無理なく進める

5つの領域や教具にはそれぞれ密接なつながりがあります。必ず段階を経て、バランスよく取り組んでいきましょう。たとえば、2歳の子にクロスステッチを教えても、できるわけがありません。指先を使ってものをつまむ、穴にひもを通す、直線を縫う、などの段階を経て、クロスステッチができるようになります。背伸びをすることなく段階を踏み、繰り返し行うことで子どもは大きな満足を手に入れ、非認知能力を伸ばすことにつながるのです。

4 見守る姿勢を大切に

教具はあくまで成長を助ける補助の道具です。教具を揃えればモンテッソーリ教育がうまくいくわけではありません。大事なのは、子どもの「自己教育力」を信じて、大人が見守ること。そして、いま、子どもがどんな敏感期で何を身につけようとしているのか、よく観察することです。敏感期に合った教具を上手に活用し、子どもの意欲に寄り添うことで、子どもはぐんぐん成長していくはずです。

5 教えるのではなく「導く」

「こうしなさい」とか「こうやるべき」と指示をするのではなく、子どもが自分で考え、自ら答えを出せるよう導いていくのが大人の役割です。教具を使うとき、まずは大人が手本を見せますが、このときも言葉で説明をするのではなく、ゆっくりと見本を見せるだけにとどめます。こうすることで、子どもも大人のやり方を注意深く観察し、試行錯誤しながら自らの力で成長していくのです。

Column 3

「制限のある自由」のなかで自己管理ができる子に育つ

モンテッソーリ教育では、子どもが自由に選択することをとても大事にしています。そこに大人の思惑や意見をはさんだり、終了するタイミングを大人が指示したり、「そんなことやってはダメ！」と止めるのは、できる限り避けるべきということは、これまでもお伝えしてきたとおりです。

でも、なんでもかんでも自由にさせていいわけでは決してありません。モンテッソーリは、「自由は規律のもとにある」と考えていました。子どもの思いどおりになんでも自由にさせるのは単なる放任であり、「自由」という言葉のもと、なんの制限もなく自分勝手に行動してしまっては、社会は成り立たないからです。交通ルールでたとえると、信号も守らず自分勝手に車を運転したとしたら、事故も起こりますし、渋滞だって発生してしまいます。ルールを守るからこそ、車の運転が許され、みんなが安心して街を歩けるわけです。

モンテッソーリ教育で保障されなければいけないのは、以下の自由です。

- 選択の自由（何を選んでもよい）
- 作業を続ける自由（何回繰り返してもよい）
- 作業をやめる自由（いつ終わってもよい）

一方で、まわりに迷惑がかかること、誰かを傷つけること、また危険を伴う行為は、しっかりと注意して止める必要があります。

このように、制限や規律があるからこそ自由が保障され、社会の一員として自立できるのです。おうちでモンテッソーリをする場合でも、たとえば、「夕食の時間になったら今日はおしまいね」「ここのお部屋のなかならどこでもやっていいよ」などと、守るべきルールはしっかり提示しながら、子どもの自由な選択、活動を見守るように心がけてみてください。

Part 4

おうちモンテッソーリで非認知能力を伸ばす言葉がけ

おうちでモンテッソーリ教育を取り入れようと思っても、すぐに飽きる、手本を見てくれない、違ったやり方をするなど、思いどおりにはいかないことがあるかもしれません。そこで、本書監修の「しののめモンテッソーリ子どもの家」の三井園長と赤塚先生、岡山大学の中山先生に、場面と状況別にどんな言葉がけをすればよいのかをお聞きしました。

Q1 子どもが何かに夢中になっているとき

基本的には親は声をかけず、姿を見せず、子どもがやりたいだけやらせるようにしましょう。夢中になっていることに全神経を集中させているような状態のときに声をかけてしまうと、声をかけた途端に我に返り、集中が途切れてしまいます。

そうならないためにも、子どもが何かに夢中になっているときは、**安全を確認しながら見守るのが一番。**そして、子どもが納得して自分から活動を終えたら、温かくねぎらいの言葉をかけるようにしましょう。

Q2 子どもが何かを頑張ったとき

できたことより、頑張った過程をほめてあげてください。「ものすごく長く頑張ったね！」「難しかったのに最後までやれたね！」など、前より頑張れた点を伝えます。**その過程があったからよい結果につながったことを伝えることが大事**です。

よい結果ではなかったときは、頑張った過程をほめて、次はきっとよい結果につながることを信じていると話してみてください。

また、言葉でなく笑顔でハグをしたり、ハイタッチしたりしても気持ちは伝わります。

Q3 お仕事のやり方を見せても見る前にやろうとしてしまう

2～3歳くらいは、待てずにやり始めてしまう子どもが多いようです。そういうときは、**「どういう風にやりたいの？」とたずねて子どもに自由にやらせてみてください。**その際、やり方が違ったとしても、決して否定はしません。そして、子どもの考えを聞き、大人のやり方も見てもらうよう、「見ていてね」と声をかけてみましょう。

また、そのお仕事が子どもの発達年齢に合っていない可能性も。その場合は「また今度やろうね」と引き上げるのも一つの方法です。

Q4 すぐあきらめてしまうもう少し粘り強く続けてほしいとき

子どもの力を見極めて「ここまでできたら見せてね」と、スモールステップを踏んでみてください。うまくいかず、癇癪《かんしゃく》を起こしても、「よくここまで頑張ったね。また今度やろう」などと、無理をさせません。また、レベルを少し下げたものを与えるのもおすすめです。

大事なことは、**うまくいかない原因をよく観察して、手助けすること。**できていること、頑張ったところはわかりやすくほめ、再挑戦するか、また今度にするかを、自分で選択させるようにしてみましょう。

Q5 子どもが失敗してしまったとき

それは本当に失敗なのでしょうか？　できなかったことに、くやしい思いをしているのは子どもです。**失敗と決めつけずに、そのなかにある成功の側面、さらにそれ以外の価値を一緒に探してみてあげてください。**そして、視点を変えて見てみれば、必ずしも失敗ではないということを、ていねいに伝えるようにしましょう。

また、親がちょっと手を加えて、「こんな風になったよ。おもしろいね」と、正規のやり方ではない方法でも発見があることを伝えるのも一つの方法です。

Q6 「下手だもん」などネガティブな発言を子どもがするとき

日頃、**出来上がりの良し悪し、結果ばかりをほめていないか、振り返ってみてください。**子どもは、過程の工夫や頑張りを、ねぎらったり評価されたりすると、どんな出来栄えでも喜ぶものです。たとえば、お母さんの顔が丸だけで描かれていたとしても、「顔はこうやって描いたら？」などと否定せず、「ありがとう、素敵に描いてくれてうれしい」と伝えてみてください。それでもネガティブなことを言うようであれば、「そうかな？　ママは気に入ったよ」など、ポジティブな感想を伝えるようにしましょう。

Q7 子どもが何かに怖がっているとき

怖がる感情には「不安」と「物自体が怖い」の2つの側面があります。場所見知りや人見知りの多くは不安の表れなので、無理強いはせず、ただその環境にいるだけで十分と考え、回数を重ねて慣らします。物自体を怖がる場合は、その対象物の正体を知ることで解決するケースもあります。たとえば虫を怖がるなら図鑑で知識を深めたり、アリなど身近な虫を一緒に観察したりします。くれぐれも「怖くないよ」と言葉で否定するのは避けましょう。**怖いと感じる子どもの気持ちに寄り添うことが大切です。**

Q8 子どもが何かで落ち込んでいるとき

「どうしたの？」「大丈夫？」と声をかけても子どもが何も答えないときは、**まずは見守りましょう。**3、4歳になると一人になりたいと感じたり、親に知られたくない秘密ができたりするものです。「困ったときはいつでも言ってね！」などと気持ちに寄り添っていることを伝えながら、頃合いを見て「大丈夫？」と声をかけてみてはいかがでしょうか。

また、気分転換ができるような話題、環境づくりをするのも有効です。少しのきっかけで気持ちが切り替わることがあります。

Q9 「私、すごいでしょ！」とほめてアピールをしてきたとき

子どもはほめてもらいたがるものですが、「すごいね。上手だね。できたらまた見せてね」などと大袈裟にはほめずに**過程をほめて、次へのチャレンジをうながす**ようにしてみるとよいでしょう。

また、ほめてもらいたがる内容にもよりますが、大人の基準やほかの子と比べるのではなく、その子の頑張りによってできたことは、その努力に対して思う存分ほめてあげてください。そして、さらにほんの少し上の目標を示して、やる気を引き出してみてはいかがでしょうか。

Q10 思いどおりにならずにふてくされているとき

まずは、そっとしておいて、すぐには関わらないようにします。**少し時間が経って落ち着いてきたら、「何か嫌なことがあったの？」とやさしく声をかけ、理由を尋ねて気持ちに寄り添ってあげます。**そして「あなたはこうしたかったけど、それがうまくいかなかったから、悲しかったんだね」などと、子どもの考えていることを、代弁してあげるような形で伝えてあげましょう。

もしも、本人の行動が原因なら、どうすればよかったかを一緒に考えるようにします。

Q11 大人の都合でどうしても早くしてほしいとき

モンテッソーリ教育では、できる限り、子ども本人が納得いくまでつき合うのが理想です。ただ、どうしても子どもに合わせられないときは、無理をする必要はありません。**子どもと競争したり、手伝ったりして、納得して終わらせられるよう仕向けてみてください。**どうしても自分でやりたいという場合は、一つだけに絞り、あとは手伝います。

そして、なぜ早くしてほしいと思っているのかを説明して、協力してくれた後は「ありがとう。助かったよ」と感謝を伝えましょう。

Q12 子どもがあそびに夢中で言うことを聞いてくれないとき

生活リズムのなかで許されることなら、子どもの意思を尊重するのが一番です。あそびに夢中になることを喜び、可能な限り、邪魔をしないようにします。ただ、**食事の時間、家に帰る時間、寝る時間などを守ることは、日頃からルールとして徹底し、**あらかじめ「何時までに帰るよ」と見通しを伝えておくようにしましょう。

外あそびに夢中で帰りたがらないなどという場合は、「あと3回やったら」「5時になったら」など、**自分自身で帰る時間を決めさせるの**もよいでしょう。

Q13 自分勝手でわがままな発言をしたとき

4歳くらいからは、だんだんとまわりの友だちとあそびながら、人間関係を学んでいきます。「お友だちが困っているよ」「みんなやりたいから順番にしようね」「それはわがままだから、みんなとあそべないよ」など、そういう言動がわがままだということを教えていきます。

また、相手をしないのも一つの手段。子どもの言うことにすべて応える必要はありません。ダメなことはダメとはっきりと伝え、親が折れて子どもの思いどおりになるような状況は、なるべくつくらないようにしましょう。

Q14 友だちとケンカをしてしまったとき

それぞれの言い分があるので、一方的な話で判断はしません。「どうしてケンカになっちゃったか、話してくれる？」と、それぞれの主張を聞き、どうすればケンカにならなかったのかを、一緒に考えてみてください。どんな気持ちになったからケンカになったのか、相手の気持ちもわかるように話をするのが大事です。

5、6歳であれば、大人が入らずに子ども同士で話し合いをさせてもよいでしょう。なかには、上手に仲裁する子もいて、子ども同士のほうが受け入れてくれる場合もあります。

Part 5

おうちモンテッソーリ77のメニュー

乳幼児期に集中して訪れる敏感期。その敏感期に寄り添うモンテッソーリ教育の教具とお仕事のなかから、おうちでも真似できるアイデアをご紹介します。0歳から取り組めるお仕事もあるので、ぜひ赤ちゃんのころから子どもをよく観察し、日常生活に取り入れてみてください。

01 ペットボトルでガラガラ

▶3カ月ごろから【にぎる力】【つかむ力】

ペットボトルにカラフルなボール、音が出る鈴やビーズなどを入れた、手づくりのガラガラです。振ることでさらにつかむ力が強まり、音や色で、視覚や聴覚も刺激します。

つくり方

1 小さめのペットボトル（50〜100ml）のラベルをはがし、洗ってよく乾かしておく。

2 1にカラフルなポンポンやビーズ、音の出る鈴などを入れ、キャップをビニールテープで固定して完成。

どんな音がするかな？
シャカ
シャカ
シャカ
シャカ

月齢に合わせてペットボトルを大きくしていくと◎

園長からのアドバイス

見て、聞いて、触って、いくつもの感覚を刺激します。この時期はなんでも口に入れるので、中身が出ないように注意！ キャップはしっかりテープで固定しましょう。

日常生活の練習の教具

にぎる・つかむ

やたらと何かをつかみたがったら

期待したい力

生後3カ月を過ぎると、手を使うことを覚えていきます。それまで反射的にグーにしていた手のひらをパーにひらいて、ぎゅっとにぎったり、ものをつかむことが楽しくなります。

02 ふわふわボールつかみ

▶8ヵ月ごろから【にぎる力】【つかむ力】

にぎる力がついてきたら、ふわふわのボールを取り出したり入れたりするお仕事にチャレンジしてみましょう。つかんで取り出すを繰り返すことで、手指の使い方が上手になります。目的のボールをつかもうとするので、視覚や集中力も養われます。

つくり方

1 手が入る大きめプラスチックの容器とアームカバーを用意。アームカバーを半分に切る。

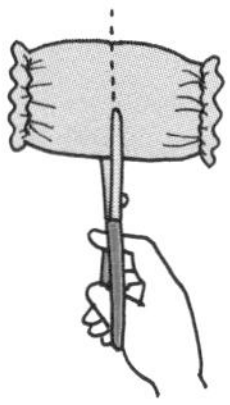

2 アームカバーのゴム部分が容器の上に来るように、カットした部分の布を容器の口にかぶせてテープで固定。なかにカラフルな２色のポンポンを入れる。

3 入り口から手を入れてポンポンをつかんで取り出したり入れたりするお仕事。取り出したポンポンを入れる容器も用意しておく。

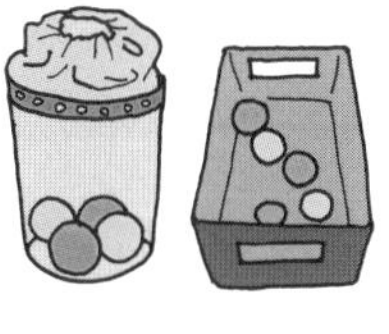

取り出すだけでなく、
入れたり落としたり
するのも大好きです

園長からのアドバイス

はじめはにぎりやすい素材からチャレンジしてみてください。だんだんとサイズを小さくしたり、ツルツルした素材にしたりしてレベルアップしていきましょう。

引っ張る

ママの髪の毛を引っ張るのが好き

期待したい力

ものをつかんだり、にぎったりが上手になると、だんだんとそれを自分のほうにたぐりよせるようになります。引っ張ることで腕や肩の筋肉が鍛えられていきます。

03 わくわくイモムシ

▶8カ月ごろから【引っ張る力】【つかむ力】

静かだと思ったら、ティッシュをすべて出していた、なんて経験のある人もいるのでは。これならどんなに引っ張られても平気。ボタンはめに興味を持ったら、外すことから楽しんで！

つくり方

1 ティッシュの空き箱にティッシュケースカバーをつける。10cmの円形にカットしたカラフルなフェルトをボタンでつなげ、ティッシュの箱に入れる。

【イモムシくん　顔】

目・鼻・ほっぺはほかのフェルトを縫いつける。口は刺繍する
カラーゴムを縫いつける
ボタンの大きさに合わせて切り込みを入れる

【イモムシくん　体】

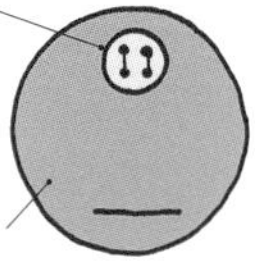

ボタンを縫いつける
※複数枚つくる

顔をのぞかせておくとわくわく感が倍増！

04 チェーン引き

▶【1歳ごろから】【引っ張る力】【つかむ力】

少し小さなものがつかめるようになったら、チェーン引きにチャレンジ。指先が刺激され、どんどん出てくるチェーンに興味津々。中身が見えないように、きれいな布を貼っておくとより魅力的に。

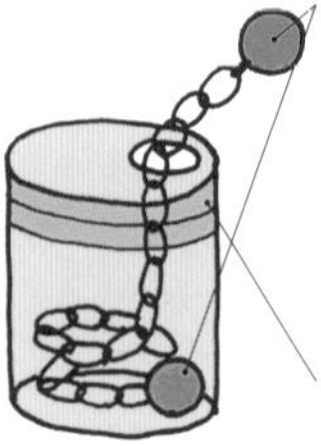

ひもを使って穴よりも大きなボールなどを先端につける
ふたはテープでしっかり固定

05 重いのよいしょ

1歳ごろから【引っ張る力】【つかむ力】

手前に引っ張ることに慣れてきたら、リングをつかんで下に引っ張る動作にチャレンジ。力を入れて重いものを引っ張る動作を繰り返すことで、力のコントロールができるようになります。また力の加減を覚え、「やさしく、そっと」もできるようになります。

つくり方

1 小さめのブロックの輪っかに、S字フックと太めの綿ひもを通す。

2 1の綿ひもの端に巾着袋のひもを結んでつなげ(a)、反対側の端に大きめのブロックの輪っかを結びつける(b)。

3 巾着袋に水を入れた500mlのペットボトルなど、少し重いものを入れて口をしっかり絞り、フックのかけられる場所にS字フックをかけて完成。

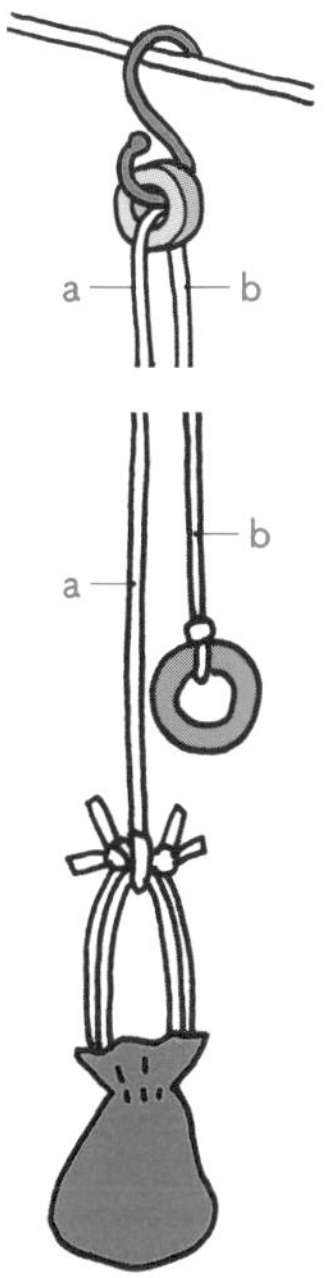

園長からのアドバイス

ティッシュを出したり、何かを引っ張ったりする動作は、1歳前後の子どもによく見られる光景です。自分のところに近づけたいという意思や、この先に何があるのかという興味の表れでもあるので、思う存分やらせてあげましょう。

日常生活の練習の教具

落とす

やたらと穴に落としたがるときは

06 スーパーボール落とし

▶1歳ごろから【つかむ力】【手指のコントロール】

1歳ごろは、ボールと器があればなんでも落としたくなる時期。ガラスびんにスーパーボールを落とせばポンポンとよくはずむので、聴覚や視覚的にも楽しめます。

びんの口がなるべく細いものを用意

07 郵便ポスト

▶2歳ごろから【つまむ力】【手指のコントロール】

落とすお仕事では郵便ポストもおすすめです。箱でつくったポストに、厚紙に色画用紙を貼った手紙を入れれば、ポトッと落ちる音が……。

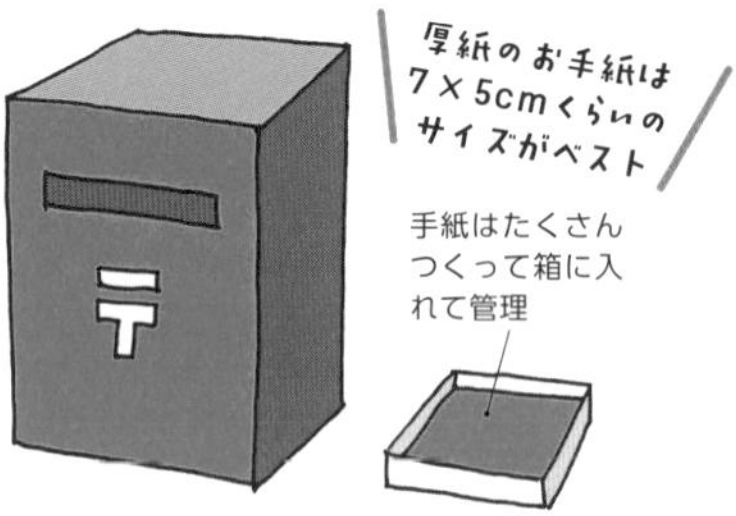
厚紙のお手紙は7×5cmくらいのサイズがベスト
手紙はたくさんつくって箱に入れて管理

園長からのアドバイス

子どもが繰り返し活動するには、その教具が魅力的かどうかもポイント。手づくりする場合は、色や見た目にもこだわってください。

期待したい力

「つかむ」「にぎる」が上手になると、落としたり投げたりする動作を覚えていきます。親指、人差し指、中指が強くなってくると、トングなど道具を使ってつまむこともできるように。

08 ストロー落とし

▶1歳半ごろから【つまむ力】【握力】

ストローのような細いものをつまんで穴に入れる動作は、繊細な動きが必要です。握力が鍛えられ、トングでものをつまむ動きやハサミの扱いにもつながります。

入った！
容器は筒型タッパーのふたに穴をあけるなどして用意

09 つまようじ落とし

▶2歳ごろから【つまむ力】【手指のコントロール】

さらに指先を細かく使う練習には、つまようじを使いましょう。細いつまようじを小さな穴に入れるのは、指先のコントロールはもちろん、集中力も必要です。

ようじ入れを用意
つまようじの頭に赤と青などの色をつけておくと、色分けする楽しみも！

園長からのアドバイス

落とすお仕事はさまざまな素材やもので代用できます。さらに何色かを用いると、お仕事の発展形として色分けをするなど、いく通りもの楽しみ方ができます。

10 トングとふわふわボール

▶2歳ごろから【つまむ力】【手指のコントロール】

赤・青・緑などの基本色のふわふわボールとシール、トングを用意。製氷皿に色シールを貼り、同じ色のところにトングでつまんでボールを入れるお仕事です。色に興味が出てきたら、色を増やし、色の名前を言いながら活動しましょう。

あおは
どれかな？
製氷皿にふわふわ
ボールと同じ色の
シールを貼る

アレンジ

製氷皿がなくても、色別のお皿または白いお皿に色シールを貼ったものでも◎。

はい
あかを
一つ
ください

おままごとあそびのように「あかを一つください」と、お皿を差し出して入れてもらう。

園長からのアドバイス

トングでつまむのがまだ難しい場合は、指でつまんでもかまいません。「赤はどれかな」と声をかけて色を意識させましょう。

日常生活の練習の教具

つまむ

指先でつまめるようになったら

期待したい力

手づかみから親指と人差し指を使ってつまむ動作に移行するのは、一般的に1歳前後と言われています。指先を使うことで、ピンセットやお箸など道具の扱いにもつながっていきます。

11 ピンセットと小さなビーズ

▶3歳ごろから【つまむ力】【手指のコントロール】

真珠のような小さくてきれいなビーズをピンセットでつまみ、吸盤型の石けん置きの上に一つひとつ置いていきます。見た目以上に難易度の高いお仕事で、指先の器用さや、集中力が育まれます。

12 パスタつまみ

▶3歳半ごろから【つまむ力】【手指のコントロール】

ピンセットの扱いに慣れてきたら、次はお箸にチャレンジです。最初はすくう感じから始めてもいいです。繰り返し行うことで、お箸使いのコツがつかめます。

園長からのアドバイス

トング→ピンセット→お箸とステップアップする際、難易度を上げるのが早すぎると、子どもはそのお仕事をやらなくなります。たくさんやって、簡単にできるようになってから次のステップへ移すと、チャレンジ意欲が高まります。

指先の力がついてきたら

はさむ・あける・とめる

期待したい力

親指・人差し指・中指の3本が上手に使えるようになったら、「はさむ」お仕事を始めてみましょう。指先のコントロール力が高まります。

13 はさんで動物

▶2歳ごろから【はさむ力】【指先の巧緻性】

洗濯バサミを魚の尾ひれ、猫のひげ、うさぎの耳、カニの足に見たて、はさんで完成させます。はじめは大きいサイズの洗濯バサミからスタートしましょう。【図案 ➡139ページ】

小さな洗濯バサミ4個

大きな洗濯バサミ3個

大きな洗濯バサミ2個

小さな洗濯バサミ 8 個

Step up

洗濯もの干し

洗濯バサミが上手に使えるようになると、洗濯ものだって、上手に干せるようになります。ぜひ手伝ってもらいましょう。

園長からのアドバイス

ほかにもラップの芯を大きな洗濯バサミではさんだり、つなげて恐竜にしたり……。洗濯バサミを上手に扱うことができるようになると、鉛筆やハサミの扱いにもつながっていきます。

お詫びと訂正

p91⑭のメニュー名に誤りがありました。
お詫びして訂正いたします。

（誤）ピンセットと小さなビーズ
（正）パンチでポン！

⑭ パンチでポン！

▶2歳半ごろから【はさむ力】【指先の巧緻性】

穴あけパンチでパチンと穴をあけて、模様を完成させるお仕事です。穴をあけるのはできても、丸の位置にきれいに合わせるのは難しいので、まずは自由に穴あけをすることから始めてみてください。

【図案 ➡ 143ページ】

p133の写真のキャプションに誤りがありました。
お詫びして訂正いたします。

（誤）色画用紙を縫う
（正）色画用紙を編む

14 ピンセットと小さなビーズ

2歳半ごろから【はさむ力】【指先の巧緻性】

穴あけパンチでパチンと穴をあけて、模様を完成させるお仕事です。穴をあけるのはできても、丸の位置にきれいに合わせるのは難しいので、まずは自由に穴あけをすることから始めてみてください。
【図案 ➡143ページ】

15 ホチキスでがっちゃんこ

3歳ごろから【はさむ力】【指先の巧緻性】

木をかたどった色画用紙に、小さなハート形にカットした色画用紙をホチキスでとめて、ハートの実をたくさん実らせましょう。ホチキスは、子どもが扱いやすい「小さいもの」や「固くないもの」を選んでください。
【木とハートの図案 ➡143ページ】

はじめに、ホチキスの針には十分気をつけることを伝えてください。

園長からのアドバイス

ホチキスは指の力が必要な道具です。はじめは難しいかもしれません。両手ではさむことから始めて、慣れてきたら片手にという具合に、上手にうながしてみてください。

16 棒通し

1歳半ごろから【手指の巧緻性】【集中力】

100円ショップでも購入できるキッチンペーパーホルダーに、色とりどりのヘアゴムを通すお仕事です。通すのが難しいようなら、通したゴムを抜くことから始めてみてください。

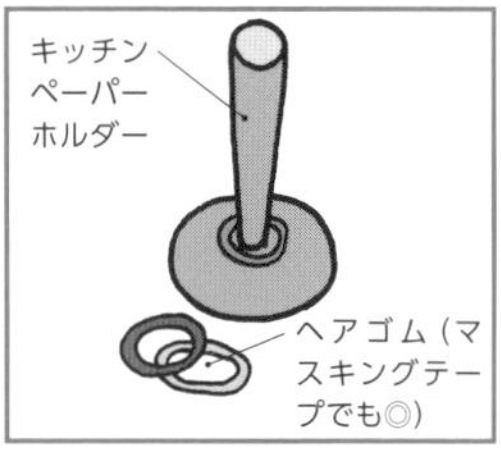
キッチンペーパーホルダー
ヘアゴム（マスキングテープでも◎）

17 大きなビーズ通し

2歳ごろから【手指の巧緻性】【集中力】

ひもにビーズを通すお仕事にチャレンジしてみましょう。はじめは2～3cmの大きなビーズがおすすめです。「ネックレスにしよう」などと目標を立てると、達成感も味わえます。

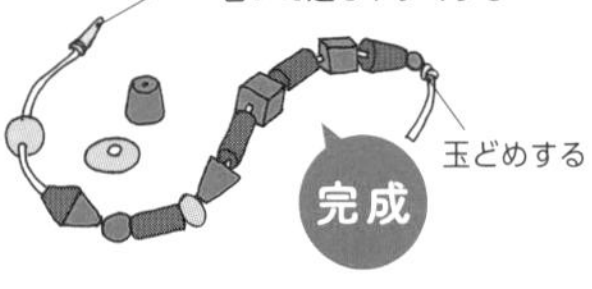
先端はセロテープを巻いて通しやすくする
玉どめする
完成

日常生活の練習の教具

通す

通すことに気がつき始めたら

期待したい力

通すお仕事は「縫い刺し」へとつながります。指先を上手に使う力の巧緻性《こうちせい》、さらに穴をよく見る必要があることから集中力も養われます。

18 毛糸通し

▶3歳ごろから【手指の巧緻性】【集中力】

にんじんに葉をつけるお仕事です。にんじん形にカットした色画用紙の上部にいくつか穴をあけ、緑色の毛糸を通します。ほかにもタコ、イカ、ライオンでも応用できます。

【図案 ➡ 144ページ】

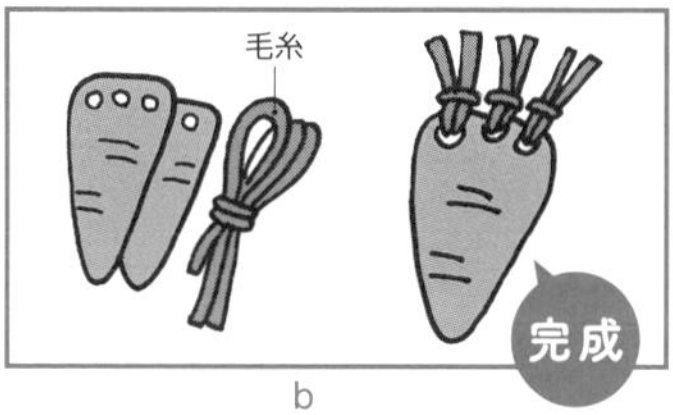
毛糸
完成

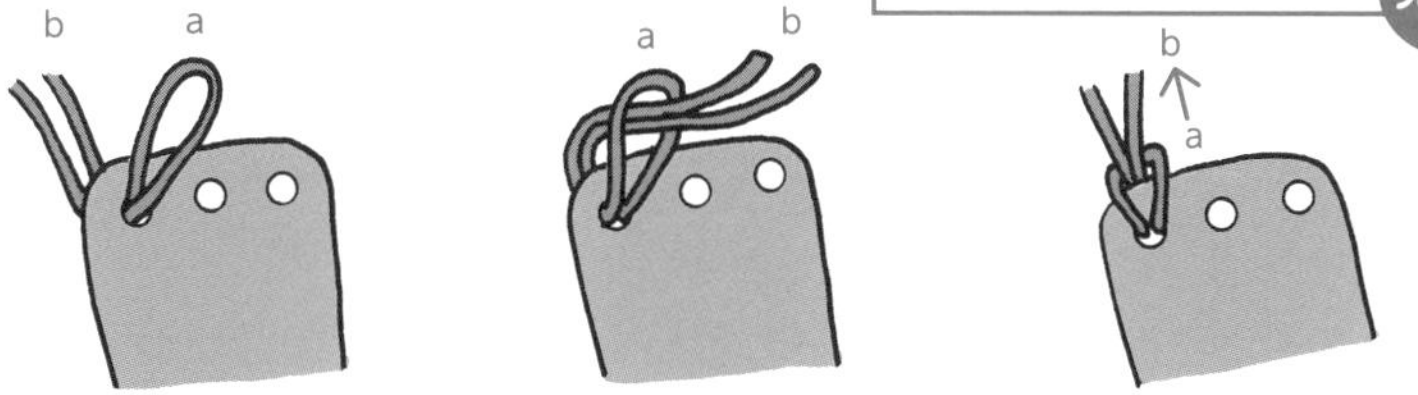
b
a
a
b
b
a

1 毛糸を2重にして穴に通す。

2 aの輪のなかに、bの毛糸を入れる。

3 bの毛糸を上にぎゅっと引っ張る。

19 ブレスレットとネックレス

▶3歳ごろから【手指の巧緻性】【集中力】

花をかたどった色画用紙を何枚も用意し、パンチで中央に穴をあけ、1cmほどにカットしたストローと交互にモールに通します。モールを輪にしてブレスレットにしたり、糸に通してネックレスにしたりしてみましょう。

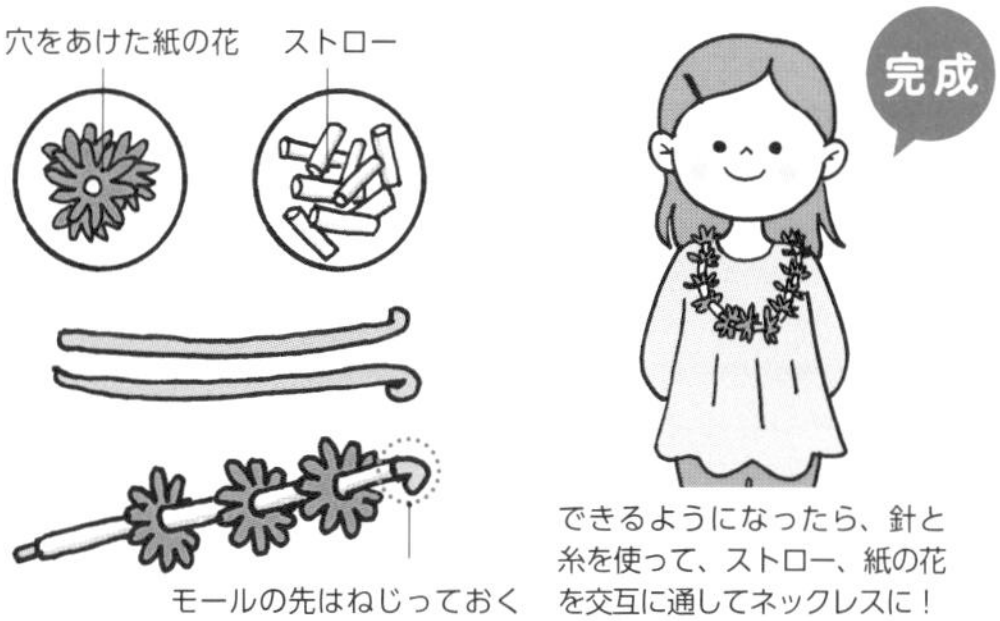
穴をあけた紙の花
ストロー
完成
モールの先はねじっておく
できるようになったら、針と糸を使って、ストロー、紙の花を交互に通してネックレスに！

園長からのアドバイス

順番を考えながら交互に通していくことで、集中力が高まります。最初は交互ではなかったり、長さが揃わないこともありますが、上手にできなくてもほめてあげましょう。

20 ストロー刺し

▶2歳ごろから【指先の巧緻性】【集中力】

まずはつまんだストローを、プラスチックトレーに刺すお仕事から始めるのがおすすめです。つまんだものを穴に刺すためには、指先のコントロールと集中力が必要になります。

つくり方

プラスチックの食品トレーを裏返し、4×6列くらいで等間隔に穴をあける。そこに、長さ3cmほどにカットしたストローを刺し込んでいく。

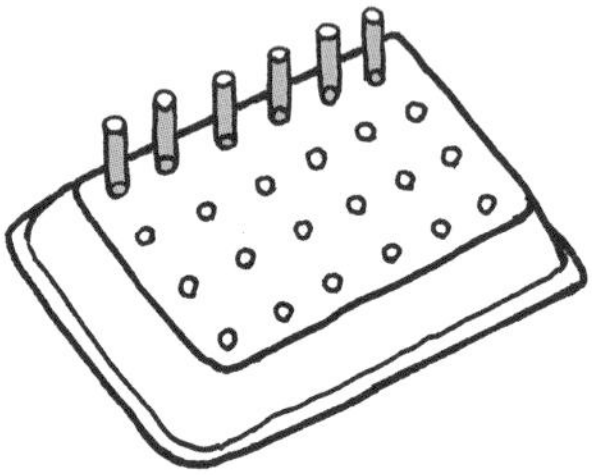

21 ピック刺し

▶3歳ごろから【指先の巧緻性】【集中力】

ストローに慣れてきたら、ピックにチャレンジ。ストローよりも細く、つまんで刺すという一連の流れに、かなりの集中力が必要なお仕事です。

刺す場所には必ず印をつけておく。ピックの先を印に合わせて刺す意識が大切

日常生活の練習の教具

刺す

刺したり、はめたりに興味が出てきたら

期待したい力

親指と人差し指を使ってつまめるようになったら、微細な動きが必要な刺すお仕事にチャレンジを。最終的には「縫い刺し」にもつながります。

22 お花刺し

3歳ごろから【指先の巧緻性】【集中力】

お花、動物、国旗……。お弁当を彩るピックやようじには、たくさんの種類があります。そこで、花のピックを使って、お花畑をつくってみましょう。すっと刺す感覚は針仕事にも近いので、縫い刺しの前段階としてぜひ取り入れてみてください。

つくり方

小さな箱に穴をあけてお花のピックを刺し、刺し終わったらピックを抜いて容器に戻す。戻すところまでがお仕事。ピックを変えるだけで、いろいろな発想が広がる。

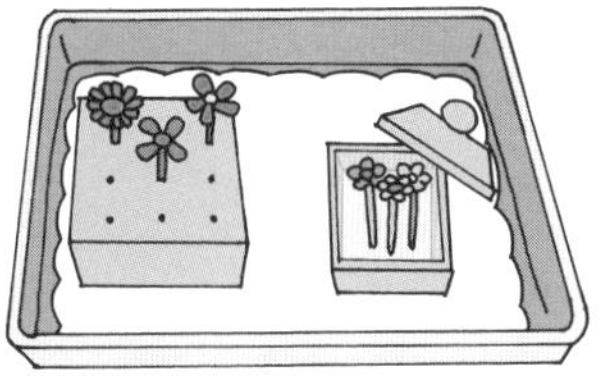

【動物ピックで動物園】

【国旗のようじでケーキ】

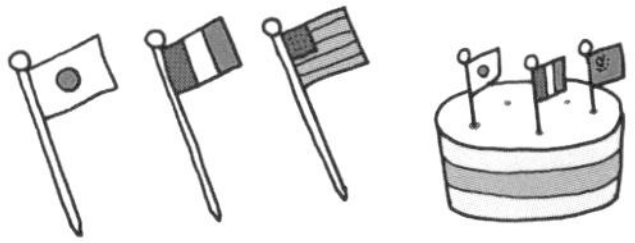

アレンジ

刺す位置に印をつけたマフィン型のフェルト生地に、いちごなどのピックを刺して。

刺す位置に印をつけたコルクボードにプッシュピンを刺して。

園長からのアドバイス

反対の手で押さえながらピックを刺したり抜いたりするのは、意外とコツがいる動作です。力の入れ方、刺す向きなどの感覚は、繰り返し行うことで養われていきます。

23 金魚すくい

▶2歳半ごろから【手指のコントロール】

水を張ったボウルに、少しだけ色水を入れた魚型のしょう油入れ（お弁当用）を浮かべ、穴のあいたおたまですくっていきます。金魚鉢に入れるとリアル感が増します。

色水を入れたしょう油入れを浮かべる

アレンジ

スプーン豆すくい

ガラスびんに紙でつくったじょうごを差し、スプーンで豆をすくってじょうごに移します。

スプーンで豆をすくってじょうごに移す
紙でじょうごをつくる

園長からのアドバイス

すくうお仕事は3歳前後の子どもにぴったり。大切なのは、何をどんなものですくうか、素材と道具のバランスです。重いものや大きなものはすくいにくいので避けましょう。

日常生活の練習の教具

スプーンを使い始めたら

すくう・釣る

期待したい力

すくうなどの動作で大切なのは、器に移すときに手首を返すことです。これを行うことで手首が柔軟に使えるようになります。

24 マグネットで魚釣り

▶1歳半ごろから【手指のコントロール】

色画用紙に魚のイラストを描いてハサミでカットし、クリップを取りつけます。割り箸にたこ糸をつけ、先端に磁石をつけた釣り竿で魚を釣り上げていきます。糸がゆらゆらと揺れるので、手を繊細にコントロールする必要があります。

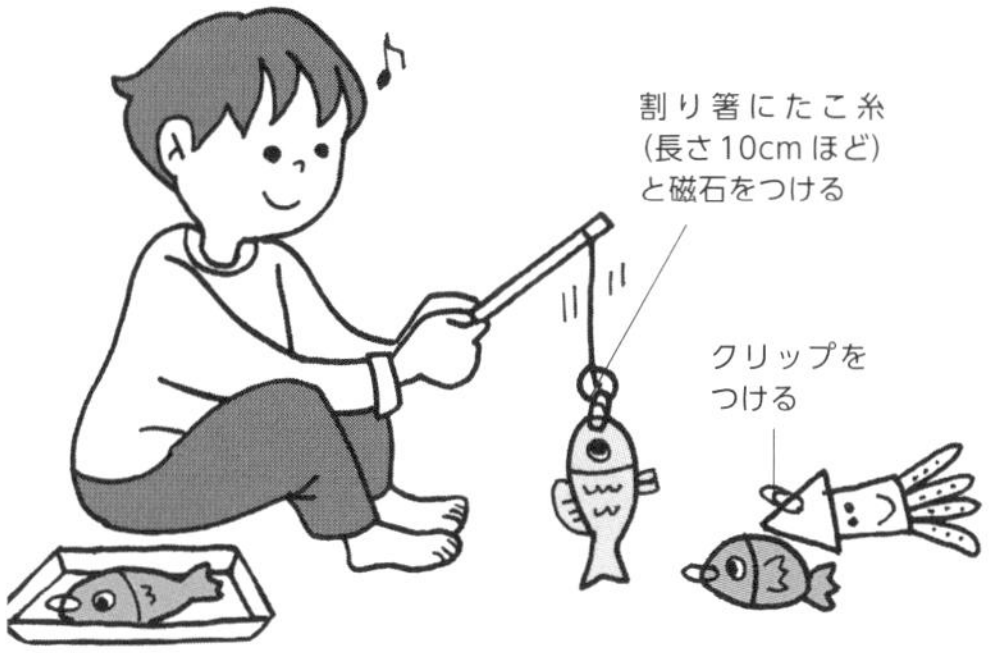
割り箸にたこ糸
(長さ10cmほど)
と磁石をつける
クリップを
つける

25 かぎ針釣り

▶3歳ごろから【手指のコントロール】

びんにチェーンリングなどを入れ、かぎ針で釣るお仕事です。チェーンリングでなくても引っかけられるものであればOK。穴を狙って引っかける動きは、視覚と手の協応が必要です。

できた!

園長からのアドバイス

かぎ針にはサイズがあるので、まずは大きめからチャレンジしてみてください。かぎ針は鉛筆と同じように持つので、鉛筆やお箸の扱いにもつながっていきます。

26 こま回し

■▶2歳ごろから【ひねる力】【にぎる力】

手首を使ってひねる動作は、ペットボトルのキャップをあける、ねじを差し込むなどの日常生活でもよく使いますが、意外と高度。こま回しなどであそびながらコツをつかみましょう。

つくり方

1 丸く切った段ボールの中心にひもが通るくらいの穴を2つあけ、下側に足つきボタン（大きめのビーズでも可）、上側に補強用ボタンをひもで通し段ボールをはさむ。

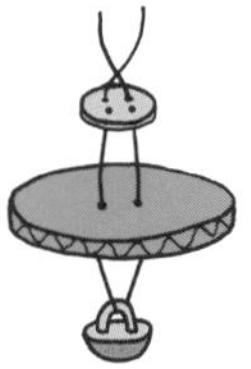

2 半分に切ったトイレットペーパーの芯の片側に切り込みを入れ、切り込みを折って開き段ボールの中心に貼る。

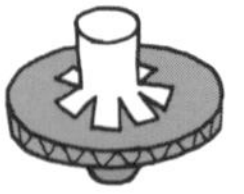

3 手芸用（または木工用）の接着剤で布を貼って仕上げると、きれいで丈夫になる。

紙を貼って絵や模様を描いても◎

園長からのアドバイス

4歳になったら、段ボールを丸く切って中心にようじを刺すだけの、簡単なこまを一緒につくってみましょう。色や模様のつけ方で回したときの変化を見て、いろいろ工夫してみましょう。

日常生活の練習の教具

回す・ひねる

ふた開けに興味を持ったら

期待したい力

親指、人差し指、中指の3本指で上手につまめるようになったら、手首を使ってねじる、ひねる動作を徐々に覚えていきます。

27 ふたのあけ閉め

1歳半ごろから【ひねる力】【つまむ力】

片手でペットボトルを持ち、3本指でキャップをつまむことで手指の巧緻性を高めます。未開封のものは固いので、使用済みのペットボトルをきれいに洗い、キャップを緩めに取りつけたものから始めます。化粧品の容器など、子どもがあけ閉めしやすい容器を日ごろから集めておきましょう。

28 カギのあけ閉め

2歳半ごろから【ひねる力】【つまむ力】【集中力】

カチャッとカギがあくのが楽しくて夢中になる、南京錠を使ったお仕事です。カギの向きを考える必要があるため、視覚と手指の連動性が高まります。

予備のカギは必ず保管しておきましょう。

水道の蛇口の栓なども以前はひねるタイプがほとんどでしたが、最近はそのような蛇口も少なくなり、ひねる動作が減ってきていると言われています。ぜひ回す・ひねるのお仕事で、手首を使う感覚を養ってあげてください。

29 コップであけ移し

▶1歳半ごろから【手指の力】

手でにぎれる大きさのプラスチックのコップを２つ用意して、なかに大きな豆を入れて、もう一つのコップへザザーッと移します。

ザー
プラスチックのコップに豆を入れる

大きな豆やペットボトルのキャップなど、音の出るものが◎。

30 水のあけ移し

▶3歳ごろから【手指のコントロール】【集中力】

ピッチャーから形の違う容器に水を注ぎます。3つの容器にはテープなどで印をつけ、印のところまで注意深く注ぎます。水をこぼしたときに拭くタオルやスポンジも用意しましょう。

印をつける

日常生活の練習の教具

移す・注ぐ

注ぐことに興味が出てきたら

期待したい力

しっかり握って手首を返しながら液体を注ぐことは、自分の意思で動作をコントロールすることにつながり、集中力も高めます。

31 お花に水やり

2歳半ごろから【手指のコントロール】【集中力】

子どもサイズのじょうろを用意します。100円ショップで売られているペットボトルにつけるじょうろの先を利用してもよいでしょう。植物のお世話を通して、やさしい気持ちが育まれます。

32 お茶を注ぐ

4歳ごろから【手指のコントロール】【集中力】

片方の手で急須の持ち手を持ち、もう片方の手でふたの上を押さえ、そっと傾けてお茶を注ぎます。まずは大人がゆっくりやり方を見せてから始めましょう。

園長からのアドバイス

はじめはこぼしてしまうかもしれません。そのときは、ふきんで拭くことを教えます。お客さまが来たら、ぜひお茶を入れてお出ししましょう。

33 ハンカチたたみ

▶2歳ごろから【手指のコントロール】

まずはハンカチたたみから始めます。ハンカチの四隅に印をつけ、印と印を合わせて2つ折りにします。慣れてきたら4つ折りや三角折りにもチャレンジしてみてください。

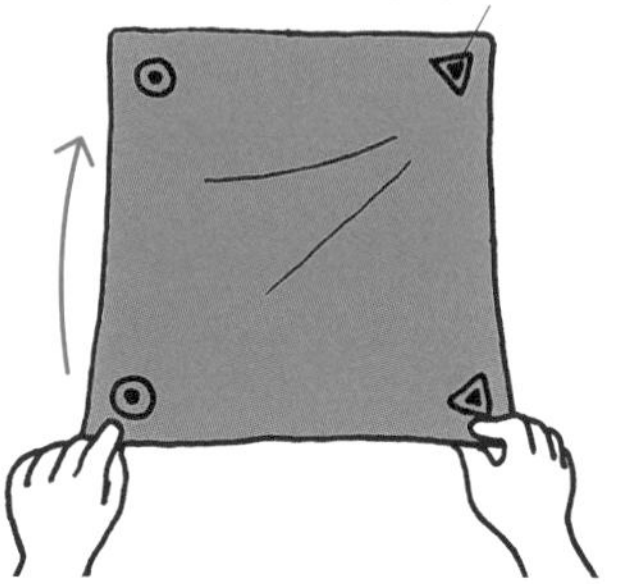

34 折り紙の三角折り

▶2歳半ごろから【手指の力】【視覚と指の連動】【集中力】

折り紙は角と角を揃え、しっかりと指でアイロンをかけるのがきれいに仕上げるコツです。指をゆっくりすべらせ、ていねいに折り目をつけるようにうながします。通常の折り紙を1/4サイズに切ってあげると、さらに扱いやすくなります。

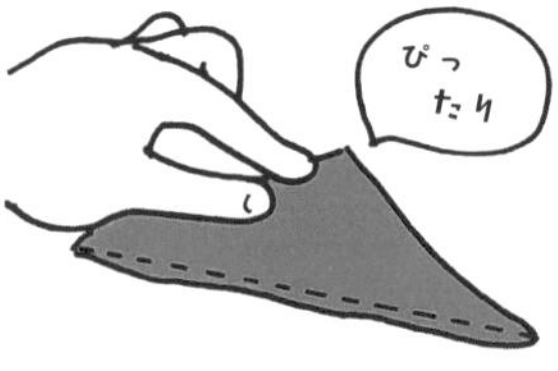

1 角と角を揃える。

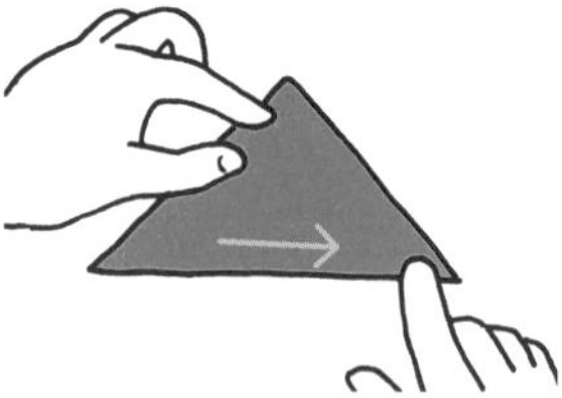

2 指でアイロンをかける。

園長からのアドバイス

折り紙は、合わせる角が一カ所の三角折りから始めましょう。正方形の折り紙を斜めに折ると三角になることが体感的にわかるので、図形の理解、視覚認知力にもつながります。

期待したい力

折り紙をきれいに折るためには、指先に力を入れてていねいに折り目をつける必要があります。この動きを繰り返すことで、指の力がつき、集中力・忍耐力も育まれます。

35 じゃばら折り

▶3歳ごろから【手指の力】【視覚と指の連動】【集中力】

2つ折りが上手になってきたら、じゃばら折りにチャレンジしてみましょう。方向を考えながら、繰り返し折っていくことで思考力、忍耐力も育まれます。

つくり方

1 タテ1.5〜2cm×ヨコ30cmサイズに切った色画用紙を2色用意する。

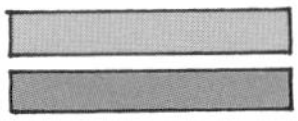

2 イラストのようにbにaを重ね、重ねた部分はのりづけする。下にあるbの色画用紙を黒線で上に折る。

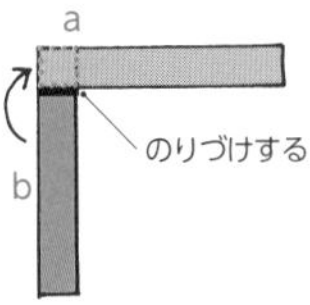

3 今度はaの色画用紙を黒線で折る。

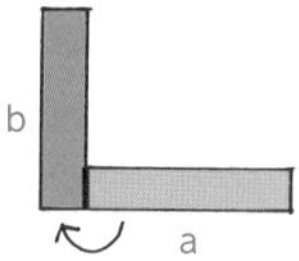

4 2と3を繰り返し、じゃばらに折っていく。

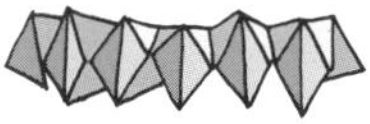

つくったじゃばらを、ゾウの台紙に貼って鼻を完成させよう。【図案 ➡ 141ページ】

園長からのアドバイス

ゾウの鼻以外にも、カエルの足、ロボットの足、じゃばらをつなげてヘビやネックレス、かんむりなどもつくれます。子どもの自由な発想で、素敵な作品に仕上げてみてください。

36 色画用紙を編む

▶3歳半ごろから【指先の巧緻性】【集中力】

まずは色画用紙を使って格子づくりにチャレンジしましょう。色の組み合わせを自由に選べるように、細長い色画用紙（帯）を何色か用意しておきましょう。

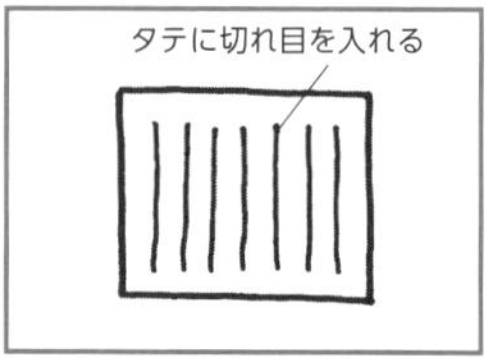
タテに切れ目を入れる

1 タテに等間隔の切れ目を入れた色画用紙（台紙）を用意。

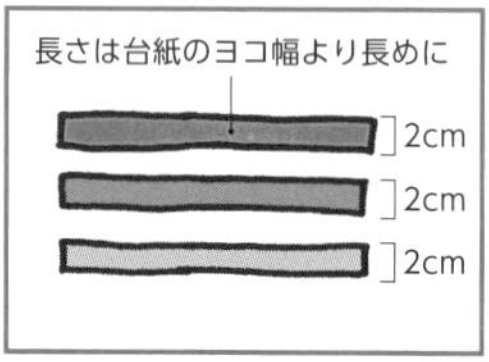
長さは台紙のヨコ幅より長めに
2cm
2cm
2cm

2 太さを揃えた色画用紙（帯）を何色か用意する。

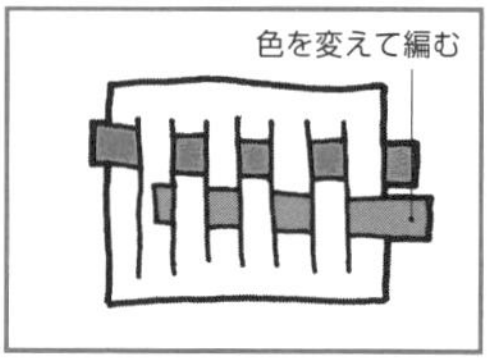
色を変えて編む

3 切れ目を縫うように帯を入れる。

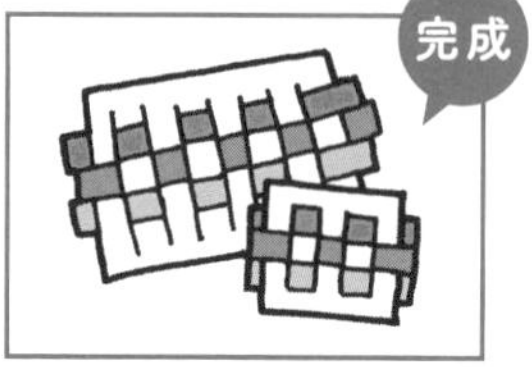
完成

4 色を変えながら色画用紙を編んでいけば完成。

できたよ！

園長からのアドバイス

さまざまな色の台紙や帯を用意して、いろいろ組み合わせができるようにしてあげましょう。子どもの発想に任せることで、想像力や美的感覚を養います。

日常生活の練習の教具

編む

通すのが上手になったら

期待したい力

編みものや織りものは手先の器用さを高め、洗練された動きを獲得します。紙からスタートして、徐々に毛糸の編みものへ移行しましょう。

37 三つ編み

▶4歳ごろから【指先の巧緻性】【集中力】

３本のひものうち外側から順番になかに編んでいく三つ編み。まずは、紙を使って三つ編みの順番を理解しましょう。紙で三つ編みができるようになったら、太い綿ロープに替えて、繰り返し練習をしましょう。

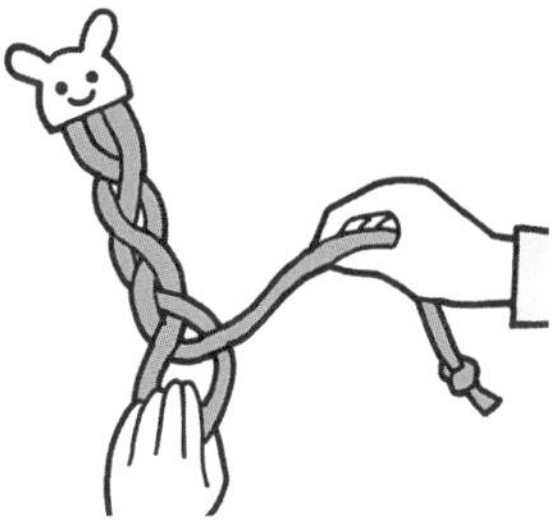

38 リリアン編み

▶4歳ごろから【指先の巧緻性】【集中力】

ガムテープの芯と割り箸５本で簡単に編み器がつくれます。それを使い、極太の毛糸でマフラーを編んでいきましょう。根気と集中力が養われます。

つくり方

ガムテープの芯に割り箸５本（割らない状態のもの）を、上部2.5cmほど出して等間隔にテープで固定します。ガムテープの芯を２個重ねてつくると持ちやすい。

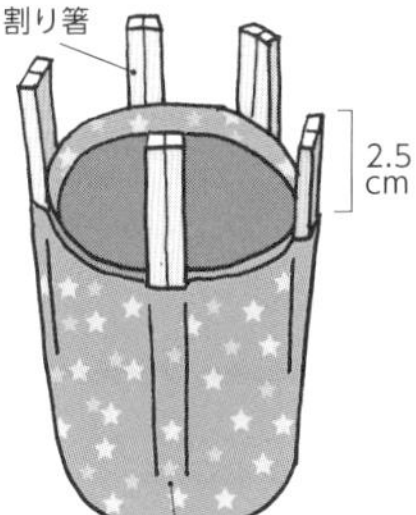
割り箸
2.5
cm
仕上げに紙や布を巻くと◎

マフラー編みにチャレンジ

1 編みはじめの毛糸を編み器のなかに入れ、割り箸に毛糸を内側から外側に巻きつけていく。

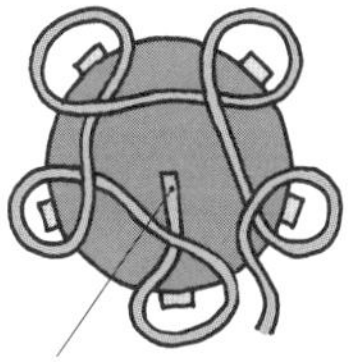
はじめの毛糸は編み器のなかに

2 巻き終わったら、割り箸の外側に毛糸を一周させながら、下（一周目）の毛糸をつまんで割り箸にかけていく。すべての割り箸ごとに同じ作業を行って、希望の長さまで編み進める。

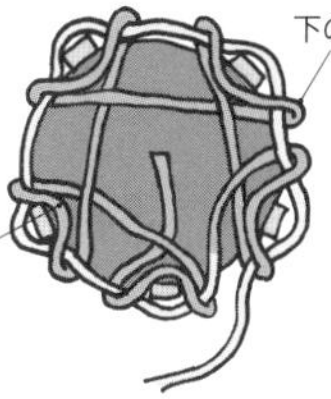
下の毛糸
下の毛糸をつまんで
割り箸にかけていく

3 最後に毛糸を50cmほど残して切り、割り箸にかかった毛糸に通しながら、１本１本外す。最後に端を結んでとめる。

39 縫い刺し（直線）

▶3歳ごろから【指先の巧緻性】【集中力】

一目2.5cmくらいの直線縫いの台紙（厚めの色画用紙）を用意し、針を刺す場所に目打ちで穴をあけます。針に毛糸を通し、2本揃えて玉どめをしてから縫っていきます。自分用の裁縫箱を用意して、縫い終わったら元の場所に戻す習慣をつけます。

1 縫い刺しセットを用意する

ワタを布で包んで小さなケースに入れた針山、毛糸とじ針1本、目打ち（ようじでもOK）、毛糸（中細2本取り）、ハサミ（眉毛切りバサミなど）を一つのBOXに入れる。

2 玉どめをする

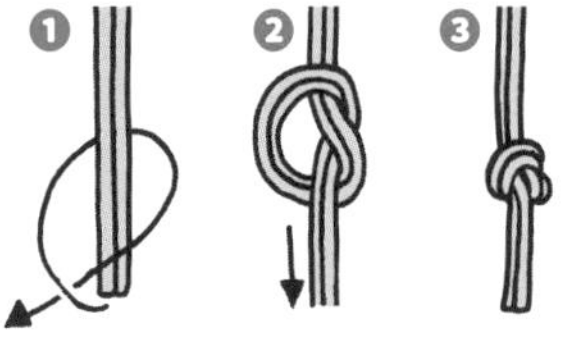

玉どめははじめは2本取りで

3 図案に沿って直線に縫う

【台紙➡142ページ】

40 縫い刺し（形）

▶3歳ごろから【指先の巧緻性】【集中力】

直線縫いに慣れてきたら、形のあるものにチャレンジ。クジラや雪だるまなど、ゆるやかな形がおすすめです。目打ちで針を刺す場所に穴をあけてから毛糸で縫っていきます。穴の数を偶数にすると、玉どめが裏に納まります。

日常生活の練習の教具

縫う

刺すのが上手になったら

期待したい力

手指の巧緻性や集中力、根気などさまざまな非認知能力を伸ばしてくれます。直線から始めて、徐々に難しいものにチャレンジしましょう。

41 二度縫い

▶4歳ごろから【指先の巧緻性】【集中力】

次のステップは二度縫いです。一度目と二度目で違う糸を使うことでカラフルな模様に仕上げられ、色彩感覚も養われます。まずは2本取りで縫っていきましょう。

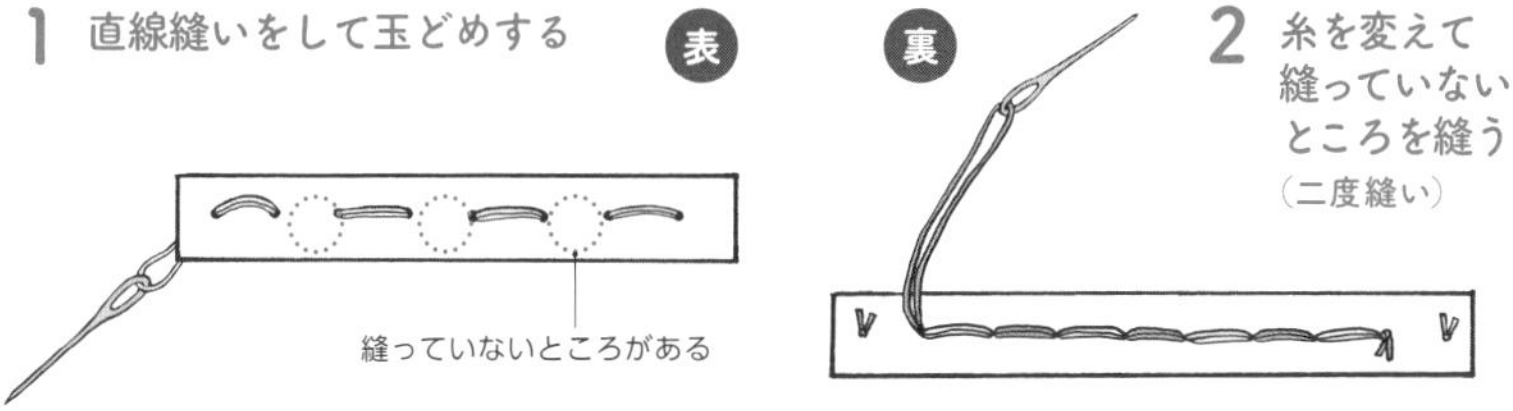
1 直線縫いをして玉どめする
表
縫っていないところがある
裏
2 糸を変えて縫っていないところを縫う
（二度縫い）

42 クロスステッチ

▶4歳ごろから【指先の巧緻性】【集中力】

縫い刺しの最後はクロスステッチです。練習用の台紙を使い、片側から斜めに縫っていき、縫い終わったら反対側へクロスさせて縫っていきます。最初は目数が少なく、2色くらいのシンプルなものからスタートしましょう。

【台紙 ➡142ページ】

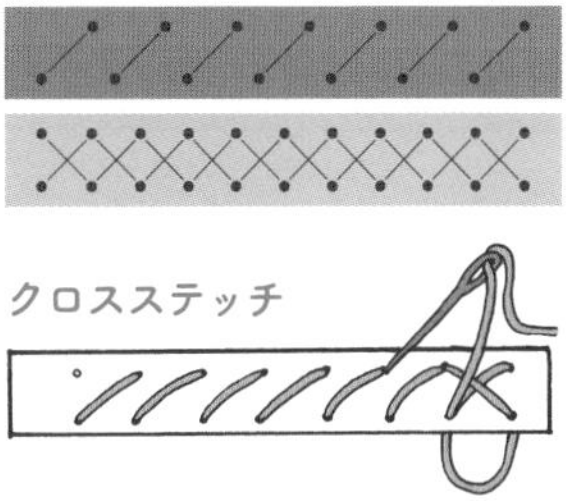
クロスステッチ

【作品例】

おうち
ツリー

卒園制作では、こんな作品もつくれるようになります。

園長からのアドバイス

大人でも根気のいるクロスステッチは、できあがったときの喜びもひとしおです。図案を見て目数を数え、一人で仕上げると、達成感と自信につながります。

43 キラキラツリー

▶1歳ごろから【手指の巧緻性】【視覚認知力】

フックにものをかけることに興味を持ったら取り組みたいお仕事です。かける動作は、空間認知力が必要です。100円ショップで売られているアクセサリースタンドなどに、身のまわりにあるストラップ、キーホルダー、リング、フックなど、なんでもかけてもらいましょう。

44 糸巻きひつじ

▶3歳ごろから【手指の巧緻性】【視覚認知力】

段ボールなどの厚紙に糸を巻くシンプルなお仕事です。糸をたくさん巻くことで体はどんどん太って、モコモコひつじさんが完成します。【図案 ➡ 140ページ】

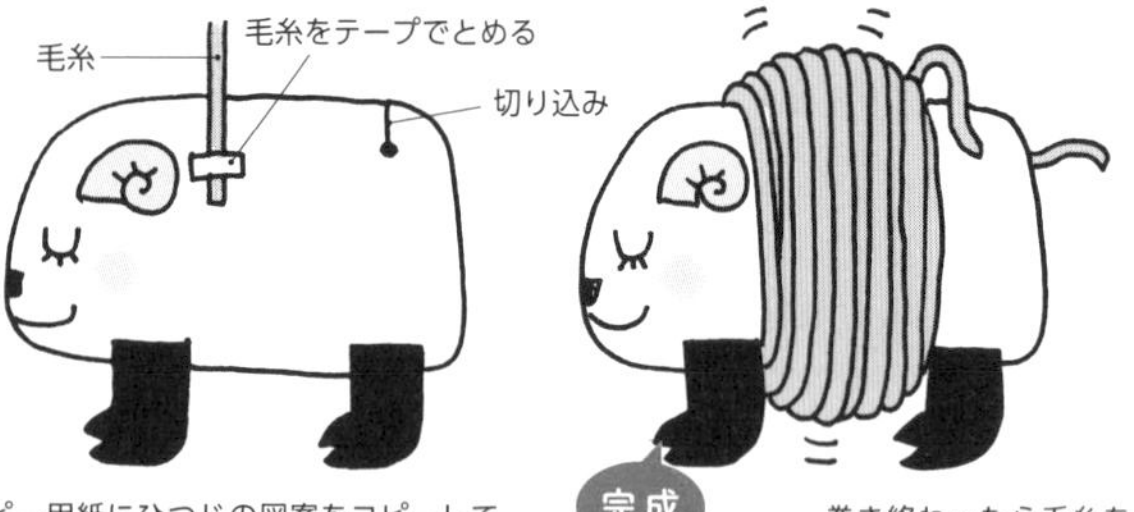

コピー用紙にひつじの図案をコピーして段ボールに貼り、カットして形を整える

巻き終わったら毛糸を切り込みにかける

園長からのアドバイス

かけたり結んだりする動作には空間認知力が必要です。視覚と手指の協応を育むために、かけることに興味が出たらぜひトライを。

日常生活の練習の教具

かける・結ぶ

やたらとひもを結びたがったら

期待したい力

どこに通したりかけたりするのか、目で確認しながら進めるお仕事です。指先の器用さと共に、集中力、視覚認知力が養われます。

45 輪ゴムかけ

▶3歳ごろから【手指の巧緻性】【視覚認知力】

板にクギを等間隔に打ち、輪ゴムで模様をつくります。いろいろな色の輪ゴムを用意し、木や星など好きな形をつくらせてみてください。

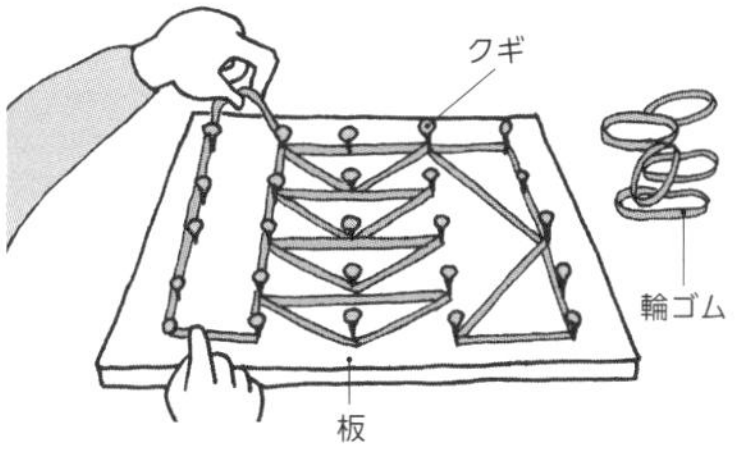
クギ
輪ゴム
板

46 風呂敷包み

▶5歳ごろから【手指の巧緻性】【視覚認知力】

風呂敷で平包みと真結びにトライ。まず大人がゆっくり手本を見せましょう。2回交差させる真結びが難しいようなら、一つ結びから始めてください。

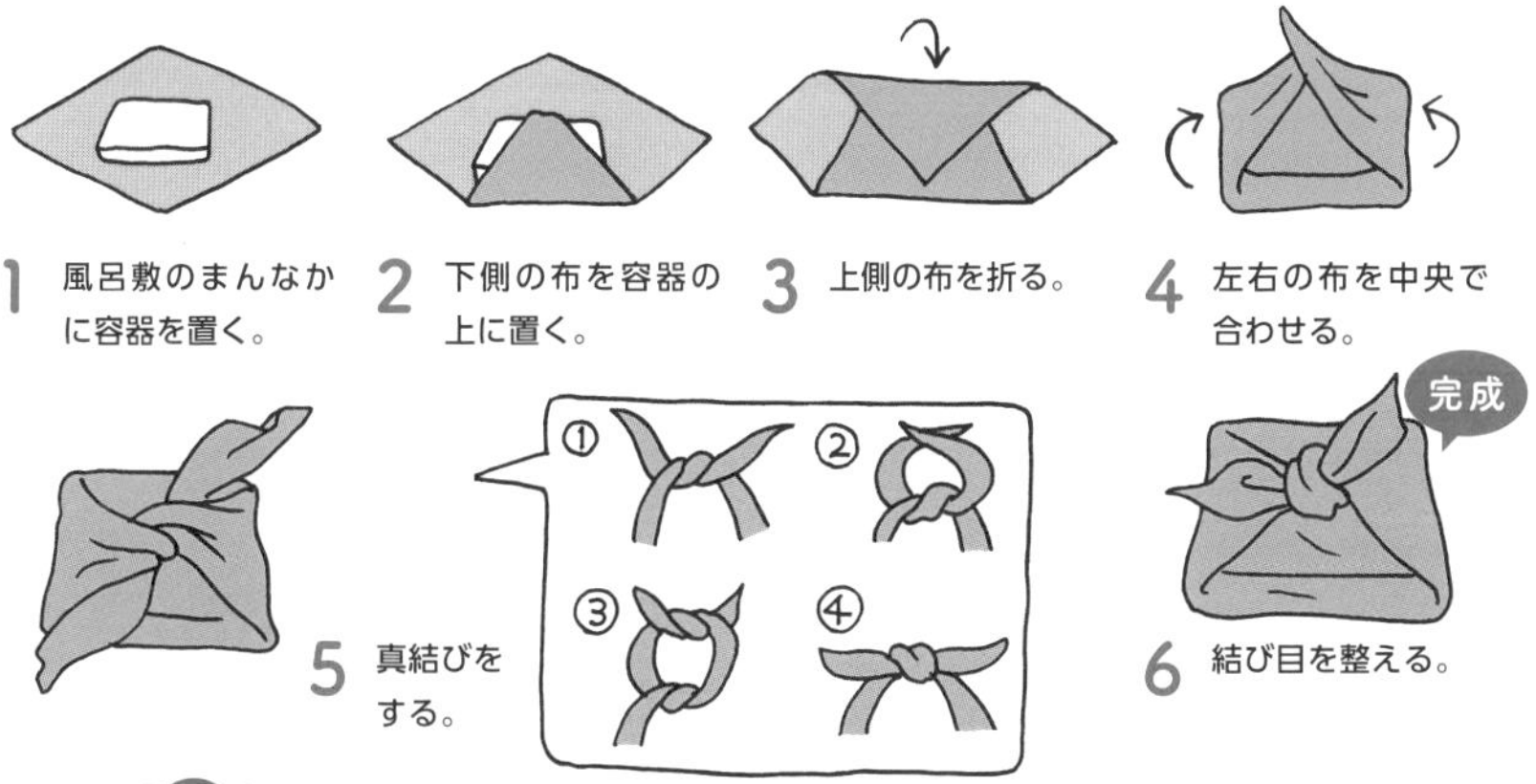
1 風呂敷のまんなかに容器を置く。
2 下側の布を容器の上に置く。
3 上側の布を折る。
4 左右の布を中央で合わせる。
5 真結びをする。
①
②
③
④
6 結び目を整える。
完成

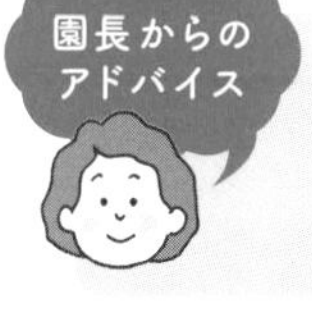
園長からの
アドバイス

折り紙とは違い布で包むのは意外に大変で、押さえておかなければ、はらりとほどけてしまうことも。縛りやすくほどけやすい風呂敷は、手先を使う教具にうってつけです。

切る

ハサミを使いたがったら

47 直線を切る

▶2歳ごろから【手指の巧緻性】【集中力】

ハサミで切るところに直線の印をつけた細長い紙を用意します。はじめのころはたくさん切るので、広告の用紙を3つ折りにしたものが、厚さや切り心地もちょうどよくおすすめです。

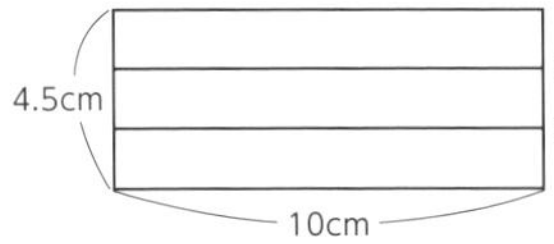
4.5cm
折る
折る
10cm

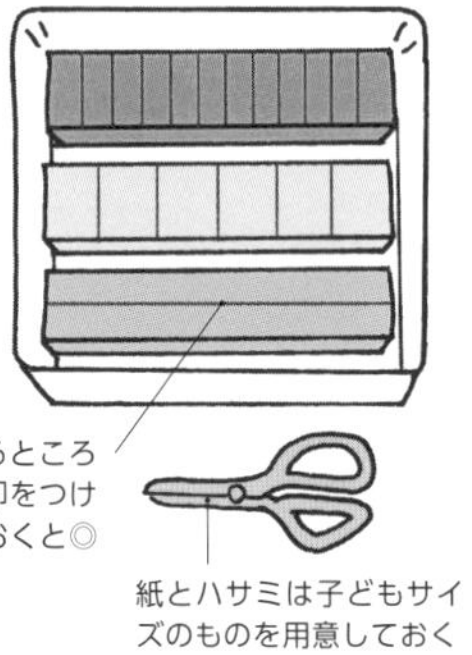
切るところに印をつけておくと◎
紙とハサミは子どもサイズのものを用意しておく

48 図形を切る

▶3歳ごろから【手指の巧緻性】【集中力】

連続して直線が切れるようになったら、次は丸や四角、ひし形などの図形を切ります。繰り返し練習をして、ハサミを持っていない手で紙を送るなどのコツをつかんでいきましょう。

園長からのアドバイス

ハサミは「先がとがっていて危険」「人に渡すときは刃先を手で包んで渡すこと」を最初にしっかり伝えます。最初は紙に対し、ハサミが直角になるよう手を添えてあげましょう。

期待したい力

親指、人差し指、中指の力がついてきた2歳ごろから、ハサミの練習を始めます。線に沿って切る動作を繰り返すことで、視覚と手の動きの連動性、集中力を高めます。

49 2つ折りの図案を切る

3歳ごろから【手指の巧緻性】【集中力】

２つ折りの図案をカットするお仕事は、開いたらどんな形になるか想像しながら切ってみてください。切り取った形を画用紙などに貼るのもおすすめです。
【図案 ➡ 144ページ】

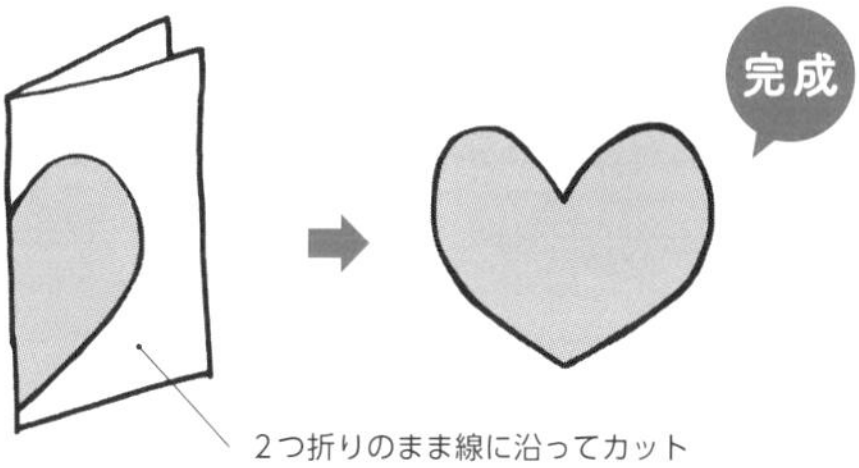
完成
2つ折りのまま線に沿ってカット

Step up 連続切りにチャレンジ

連続切りは紙に厚みが出て切りにくくなるので薄い紙で行いましょう。

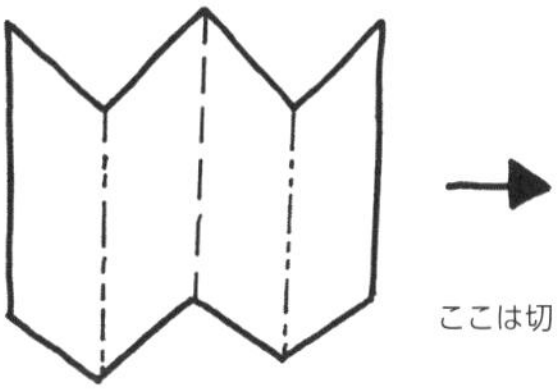

1 じゃばら折りで4つに折る。

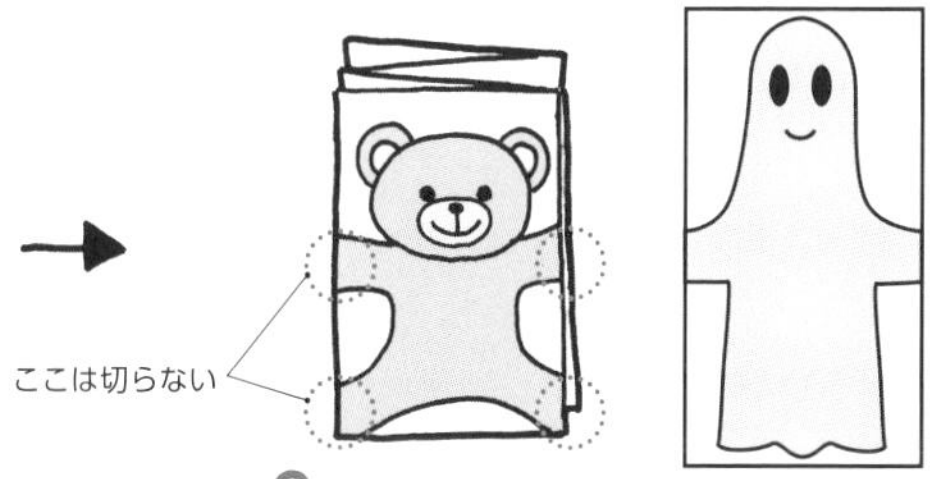
ここは切らない

2 クマの絵を描く。【図案 ➡ 144ページ】

手つなぎ
クマの
完成

3 切って紙を広げると、4匹のつながった仲良し手つなぎクマができあがるよ。

園長からの
アドバイス

ハサミを使うようになると何でも切りたくなり、身のまわりのもの（髪の毛や洋服など）を切ってしまうことがあります。切ってもよいものが何かを、教えてあげましょう。

50 シール貼り

▶2歳ごろから【手指の巧緻性】【集中力】

子どもたちはシールを貼るお仕事が大好きです。でも簡単そうに見えて、台紙からはがすのだって実は難しい作業。はじめてのシール貼りは、1.8～2.5cm ほどの大きなシールを使って、次の4ステップで進めていきましょう。

やってみよう

シールのお仕事は4ステップで進めます

ステップ❶ 自由に貼る

白い紙に自由に貼っていきます。シールがうまくはがせないときは、端を少し折り曲げておきます。

ステップ❷ 点に貼る

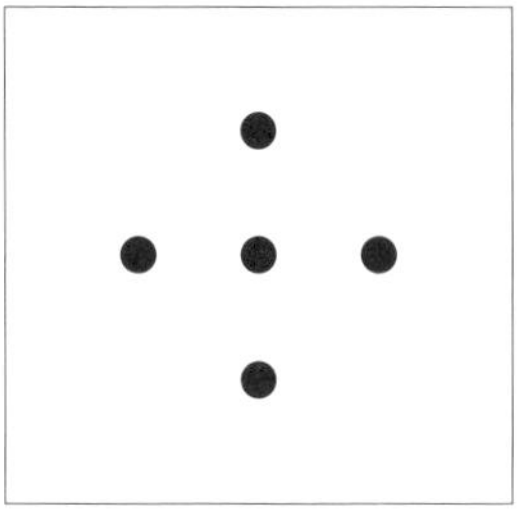

紙にサインペンなどでいくつか点を書き、その点の上にシールを貼っていきます。

ステップ❸ 線に貼る

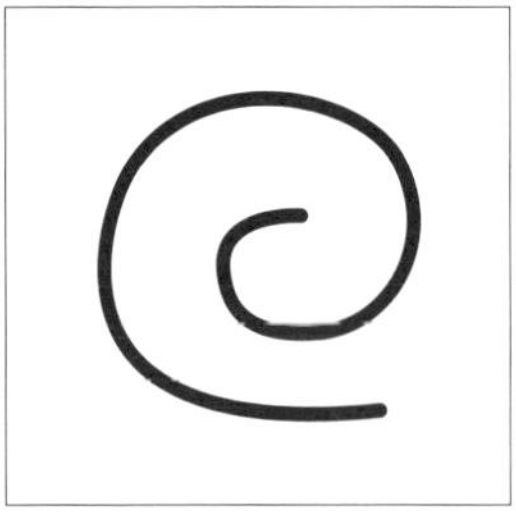

紙に直線や、曲線、うず巻き線などを書いて、線の上にシールを並べるように貼っていきます。

ステップ❹ 場所に貼る

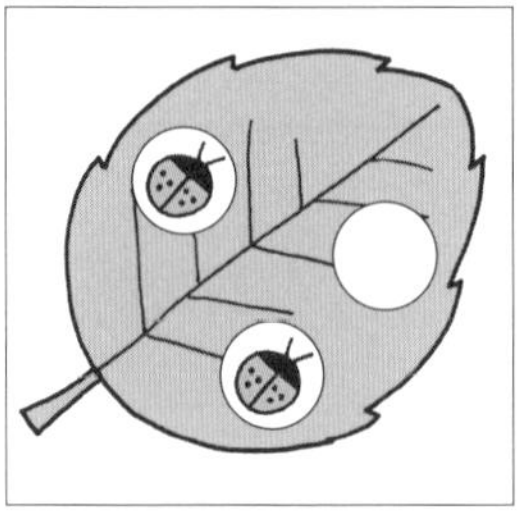

巻末の葉っぱのシール台紙にシールを貼っていきます。てんとう虫のシールなら、より楽しいかも！

【台紙 ➡140ページ】

日常生活の練習の教具

貼る

やたらとシールを貼りたがったら

期待したい力

家具やおもちゃにペタペタシールを貼り始めたら、貼ることへの敏感期かもしれません。貼る動作は手指を細かく使う必要があるため、手指のコントロール力を高めてくれます。

51 のりで貼る

▶3歳ごろから【手指の巧緻性】【集中力】

まずはカットした紙を用意し、ハケでのりをつけて自由に貼っていきます。きれいに貼れるようになったら巻末の台紙にチャレンジ。台紙の大きさに合わせて切った三角の色画用紙をいくつも用意して貼っていきます。

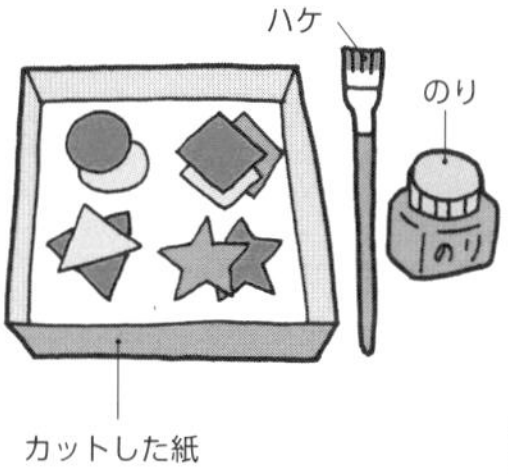

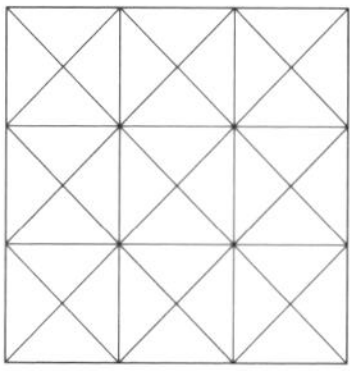

【台紙 ➡141ページ】

やってみよう

丸やだ円に切った紙にのりづけをして下の男の子と女の子のロープの先に貼り、風船を完成させましょう。

紙はのりづけしたときによれにくい、色画用紙がおすすめです。

52 同じのど～れ？

▶2歳ごろから【視覚と手指の協応】【観察力】【視覚認知力】

１歳半～２歳くらいになると、丸・三角・四角の認識ができるようになると言われています。図形の違いに気づきはじめたら、形合わせのお仕事を取り入れてみてください。

簡単な図形をいくつか描いた紙を用意し、クッキーの型やボタンなど身近にあるものを使って、同じ形のところに置いていきます。はじめは、丸・三角・四角などわかりやすい図形から始めましょう。慣れてきたら、星やハートなど少し複雑な形も加えます。

Step up 次のステップでは、くだものなど身近なものの写真やイラストを置き、同じものを選ぶことにチャレンジしてみてください。小さいものなら実物をカラーコピーしても◎。

園長からのアドバイス

イラストを２枚に切り分けたパズルもおすすめです。形のつながりを、脳のなかでイメージするので空間認識力が鍛えられます。

感覚の教具

視覚

視覚と手指の協応を高めるために

期待したい力

よく見て真似をして、子どもはいろいろなことができるようになります。視覚を鍛えることは、手指を上手に使うカギになります。また色彩感覚を養うためにも視覚は大切です。

53 身近な色探し

▶2歳ごろから【観察力】【視覚認知力】

身近にあるものがどんな色なのか、色見本を使って探していくお仕事です。まずは青・赤・黄の3原色を探してみましょう。もう少し細かく色の識別ができるようになったら、12色のクレヨンで色見本のパレットをつくり、同じ色を探してみます。

あかい色のお花
見つけたよ～♡

54 比較と順番

▶2歳ごろから【観察力】【視覚認知力】

大小、高低、長短などの感覚を養うには、見比べることが大事です。子どもは並べることが大好きなので、持っているおもちゃを順番に並べてみましょう。感覚的に理解しながら言葉も正しく整理できます。

おもちゃやぬいぐるみを並べる！
大きい
小さい
えほん

園長からのアドバイス

家のなかで一番大きなものを探したり、自分の背の高さになるように積み木を重ねたり、靴を小さい→大きいの順に並べたり、楽しみながら視覚認知力を養いましょう。

55 身近なものに触る

▶2歳ごろから【触覚の鋭敏性】

にぎったり、つかんだりに夢中になっているころから、触覚は発達しています。身近なものに触れることで、固いもの、やわらかいもの、ザラザラしたもの、ツルツルしたもの、熱い・冷たいなど、素材や温度の違いをだんだんと理解していきます。

1 おうちのなかのものに触れてみる

「ツルツルしたものはあるかな」など、子どもと一緒に家のなかを探してみましょう。また「これはザラザラしてるね」と壁に触れさせるなどして、指先の触覚を培っていきます。

2 お外は触覚教具の宝庫

土や石、植物、虫など、家のなかでは触れられないものに触ってみましょう。土一つ取ってみても、泥状のものと乾いたものとでは、触り心地が全く違います。その違いに気づけるよう、うながしてみてください。

感覚が敏感になる2~3歳は、さまざまなものに触れたくなる時期。危険が伴うもの以外は、できる限り触れさせて、触覚を刺激しましょう。

感覚の教具

触覚

さまざまなものに触りたがったら

期待したい力

0～6歳の間に著しく発達する五感（視覚・聴覚・味覚・嗅覚・触覚）のうち、触覚を鍛えるお仕事です。身近なものに触れ、その触り心地の違いに気づけるよううながします。

56 布合わせ

▶3歳ごろから【触覚の鋭敏性】

子どもは、1歳ごろから大好きなタオル、お母さんの肌、洋服などの触感を楽しんでいます。3歳ごろになったら、家にあるビロード、木綿、絹、ウール、麻などの不要になった布を15cm角にカットしたものを2枚ずつ用意し、目隠しをして同じ布を探してみましょう。

57 秘密袋

▶3歳ごろから【触覚の鋭敏性】【立体認識力】

身近なおもちゃや文房具など、形や素材の異なるものが5～8個入った巾着袋を2つ用意します。中身は全く同じものを入れ、手探りで同じものを探すお仕事です。

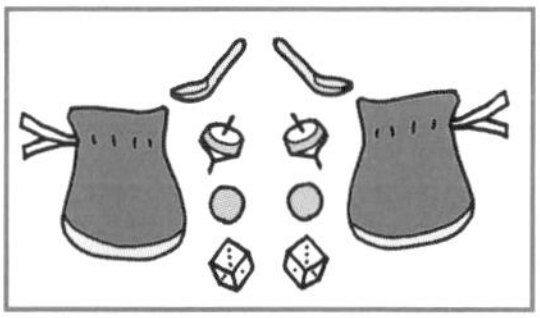

園長からのアドバイス

大きな箱を用意し、そのなかに野菜やくだものなどを入れて、言われたものを出すお仕事もあります。3歳ごろなら「丸いものです」などのヒントで探すこともできます。

58 手づくりマラカス

▶1歳ごろから【聴覚の鋭敏性】

小さなペットボトル3つを用意し、どんぐり、大豆、お米を入れて音の違いを感じます。中身が見えないようにすればより◎。2歳ごろになったら、同じ素材のマラカスを2本ずつつくり、音当てを楽しむこともできます。

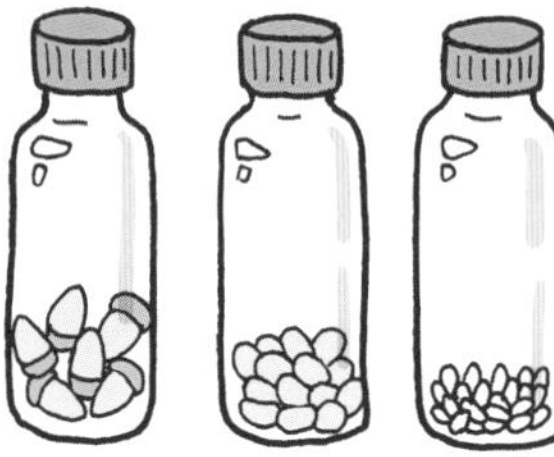

59 暮らしの音を聞く

▶2歳ごろから【聴覚の鋭敏性】

静かにするようにうながしたら、大人は隠れた場所でいろいろな音を出し、それがなんの音かを当ててもらいます。包丁のトントン、紙をやぶく音、カスタネットの音、ハサミのシャキシャキ音など、日常のさまざまな音を再現してみましょう。

期待したい力

6カ月ごろからいろいろな音を聞き分け、1歳ごろにはだんだんと言葉を理解するようになります。聴覚の敏感期になったら意識的に耳をすませる時間を設けて、聴覚を養いましょう。

園長からのアドバイス

子どもは好きなものの音には、かすかな音でも敏感に反応します。お父さんの足音、電車の音、虫の声など、雑多な音のなかから聞き分けます。

感覚の教具

嗅覚・味覚

匂いや味に敏感になったら

60 匂いを感じる

▶2歳ごろから【嗅覚の鋭敏性】

箱のなかに野菜やくだもの、石けん、花などを入れてなかが見えない程度に穴をあけ、匂いをかいで中身を当てます。自然や生活のなかにあるさまざまな匂いを積極的に感じていきましょう。

61 味を感じる

▶2歳半ごろから【味覚の鋭敏性】

コップにジュース、お茶、牛乳、水など、色が違う飲みものを少量入れます。目隠しで飲んで、なんの飲みものかを当ててみましょう。目隠しをすると意外に難しいので、大人も一緒にチャレンジしてみてください。

園長からのアドバイス

食事のときに「甘い」「辛い」「すっぱい」など、味と言葉を一致させることで味覚が豊かになったり、語彙力も高まります。

期待したい力

0～3歳は感じたことを無意識のまま記憶にため込む時期、3～6歳はため込んだ記憶を整理し始める時期と言われます。匂いや味に敏感なときに、さまざまなものを体感させてください。

日常のお手伝い

家事をする

ママの真似をしたがったら

62 洗濯ものをたたむ

▶2歳ごろから【指先の巧緻性】【集中力】

まずはハンカチやタオルなど、簡単なものから手伝ってもらいます。慣れてきたら、シャツや靴下など、たたみ方に工夫が必要なものにもチャレンジしましょう。その際も、大人が必ずやり方を見せてから始めます。

63 片づけをする

▶2歳ごろから【指先の巧緻性】【集中力】

子どもは靴を揃える、食器を片づけるなどのお手伝いが大好きです。きれいになると気持ちがよいことがわかると、自分のおもちゃを片づけられるようになります。子どもが上手にしまえる工夫をしてあげましょう。

園長からのアドバイス

モンテッソーリ教育では、元の場所に戻すまでがお仕事です。片づけがあそびの一環となるような、楽しいお片づけを意識しましょう。

期待したい力

お手伝いのお仕事は、日常生活の練習の延長線上にあります。お手伝いを通して、生活習慣を身につけたり、手指の巧緻性と共に、生きる力や判断力なども育まれます。

64 テーブルを拭く

▶2歳ごろから【指先の巧緻性】

子ども用の小さいふきんで、毎日食卓を拭いてもらいましょう。ふきんを絞れるようになるのは4歳が目安なので、それまでは絞ったふきんを渡すようにします。

4歳になったら
ふきん絞りにも
チャレンジ！

65 お料理を運ぶ

▶3歳ごろから【体のコントロール】【注意力】

食事をこぼさないように運ぶには、できる限り水平を保って運ぶ必要があり、集中力や注意力も高まります。身近なところに机拭きタオルや床拭きタオル、汚れもの入れのかごなどを用意しておき、たとえこぼしたとしても、自分で拭いて片づける習慣を身につけさせましょう。

カチャ
カチャ

園長からのアドバイス

お手伝いをしてくれたら、どんな結果になっても必ず感謝を伝えましょう。お母さんが喜んでくれることで、子どもは次もお手伝いをしようという気持ちになります。

66 お料理

▶2歳ごろから【指先の巧緻性】【注意力】

野菜を洗って、皮をむいて、カットして、調理してと、お手伝い要素がたくさん詰まっているお料理。指先の訓練にもなり、注意力も養われます。また、野菜嫌いな子でも、お手伝いをしたものは食べることがよくあります。

1 盛りつけをする

2歳くらいからでもお手伝いしてもらいやすいのが盛りつけです。おすすめはサラダ。指先でコントロールする力がつくと共に、彩りよく盛りつけることで色彩感覚も身につきます。その際は、野菜を洗ったり、ちぎったりすることから一緒にやってもらいましょう。

2 生地を丸める

白玉団子をつくったり、クッキーの生地を丸めたりするお手伝いは、子どもが大好きなお仕事です。丸くするためには、手のひらでつぶさないよう力を加減する必要があり、繊細な動きを覚えていきます。クッキーづくりなら、型抜きをお手伝いしてもらうのもおすすめです。

3 野菜の皮をむく

3歳半くらいになると、ピーラーを使ったお手伝いもできるようになってきます。片手で野菜を押さえながら皮をむくのは、手の力がしっかりついてきた証。包丁も使える準備ができています。包丁を使うときには、大人が手順を見せてあげましょう。

5歳くらいになると、米とぎやお味噌汁の味つけなどの簡単な料理から、大人が横で見守りながら火を使うお料理までつくれるようになります。「お手伝い」ではなく、一人の人間として仕事を任せることで、自己肯定感も育まれます。

67 お掃除

▶4歳ごろから【体の使い方】【周囲への配慮】

何かに集中するには、清潔に整理整頓された環境がとても大事です。部屋がきれいになる気持ちよさを覚えることで、環境へ目を向けたり、まわりに配慮したりするきっかけにもなります。またお掃除は全身を使う運動なので、体の使い方も身につきます。

1 ほうきではく

自分の体がコントロールできないと、ほうきは上手に扱えません。またゴミを1カ所に集めるのも、大人が考える以上に難しい動作です。まずは、子どもでも扱いやすいサイズのほうきを用意しましょう。慣れてきたら、外の落ち葉なども上手にはけるようになります。

2 ぞうきんをかける

15×18cm ほどの子どもサイズのぞうきんを用意します。はじめはうまく絞れませんが、見本を見せながらコツをつかんでもらいましょう。ぞうきんがけは全身を使う、子どもが大好きなお手伝い。最初は難しくて両足で跳んだりしますが、次第に早く進めるようになります。

3 窓を拭く

窓にシュッとスプレーを吹きかけ、スクイジーできれいに拭いていきます。スプレーやスクイジーなどの道具は子どもサイズのものを用意してください。下にたまった水滴はぞうきんなどで拭きましょう。特別感のあるお仕事なので、喜んで取り組む子どもが多いはずです。

園長からのアドバイス

ぞうきんやふきんは、薄手の浴用タオルを3等分にしたあと半分にした大きさで縫うと、子どもサイズの18cm×15cmになります。拭くときはさらに半分に折って使います。

68 リズムあそび

▶1歳半ごろから【体の使い方】【リズム感】【聴覚】

音楽が聞こえると、子どもは自然に体を動かします。歌ったり、リズムに合わせて体を動かしたり、手づくりのマラカスを鳴らしたりすることで、音楽要素が身につき、集中力や体の使い方、想像力が養われていきます。子どもが持っているリズム感をたくさん伸ばしてあげましょう。

69 色水あそび

▶3歳ごろから【色彩感覚】

子どもの大好きな水あそびに色を加えます。絵の具で色水をつくるのも楽しいですが、お花や野菜、くだものを使って色水をつくるのもおもしろいです。色を混ぜて実験をしたり、ジュース屋さんごっこをしたり、色水で絵を描いたりしてもよいでしょう。

園長からのアドバイス

ビニール袋に入れてもみ込むだけ。オシロイバナやアサガオ、いちご、ほうれん草、小松菜、おろしにんじん、トマト、紅茶など、身近なもので色水をつくって楽しんでみてください。

感性を育む

表現力

自由な発想を伸ばすために

期待したい力

「センスがよい」という言葉がありますが、そのセンスは環境で育まれる要素が大きいものです。大人がきっかけを与えることで、子どもは豊かな感性を磨いていきます。

70 大きな紙でお絵描き

▶1歳ごろから【手指の巧緻性】【表現力】

大きな紙に思い切り絵を描いてみましょう。「お花を描こう」などと具体的な指示はせず、自由に描かせます。また、手足に絵の具をつけて白い紙の上を歩いたり、ペタペタするのもおすすめです。手形をつけたり、色が混ざっていくのが楽しくて、多くの子どもが夢中になります。

71 インタビューごっこ

▶3歳ごろから【コミュニケーション力】【表現力】【思考力】

「今日一番楽しかったことは？」「好きな料理は？」など、インタビュアーになったつもりで大人に質問してみましょう。やりとりが終わったら、今度は大人がインタビュアーになります。質問や答えを考え、自分の言葉で伝える経験を通して、表現力や思考力、会話力を育みます。手づくりマイクを使うとさらに効果的です。

72 絵本づくり

▶4歳半ごろから【表現力】【想像力】

今日あったこと、読んだ絵本の続き、虫や動物などの身近な生物について、一緒になってお話を考えてみてください。そのお話の絵を自由に描いてもらって絵本にします。文章は大人が書いてあげてもいいですが、自分で書けるようなら任せてあげましょう。

73 手つなぎ散歩

▶1歳ごろから【体の使い方】【にぎる力】

歩けるようになったら、抱っこやベビーカーばかりではなく、手をつないで散歩をしましょう。散歩先で出会う植物、動物、乗りものなど、いろいろな話をしながら子どもの好奇心を満たして、歩く楽しみを教えましょう。

手つなぎをいやがったら指1本を差し出してみて。意外にすんなりつないでくれるかも。

74 発見する

▶2歳ごろから【体の使い方】【好奇心】【探究心】

上手に歩けるようになったら、公園などの安全な場所では手を離し、自由に過ごさせます。興味の赴くまま動いて、発見する経験が好奇心や探究心を育みます。子どもはいろいろなものを拾うので、袋を持っていくとよいでしょう。

葉っぱ!

日常の全身運動

外あそび

とにかく体を動かしたがったら

期待したい力

歩き始めた子どもは、目に見える世界がどんどん広がり、さまざまなことを発見・吸収していきます。「こうしたい」という意思から体の動かし方を覚え、自立へと向かいます。

75 思い切り走る

▶2歳ごろから【体の使い方】

鬼ごっこでは大人が追いかけてあげると、子どもは見守られている安心感を抱くようです。２～３歳になって安定して走ることができるようになったら、公園などの安全な場所で存分に走らせてあげましょう。そのとき、道路など危険な場所では手をつなぎ、走らないこともしっかり伝えます。

76 ロープであそぶ

▶2歳ごろから【体の使い方】【集中力】【注意力】

歩くのに慣れてきたころにおすすめなのが、ロープあそびです。ロープをぐねぐねさせて地面に置き、その上を歩きます。ロープから落ちないように体の使い方を工夫するので、体幹も鍛えられます。ほかにも、平均台のように縁石の上を歩くなどもおすすめです。

77 ジャンプをする

▶2歳半ごろから【体の使い方】【バランス感覚】【柔軟性】

両足ジャンプができるようになるのは２歳ごろから。ジャンプをすることで、瞬発力や足首の柔軟性が高まり、バランス感覚も養えます。音楽に合わせてジャンプをしたり、高い葉っぱをつかむために飛び跳ねたり、20～30cm の台から飛び降りたりします。最初は両手を持ってあげましょう。危険なジャンプをしないことも伝えます。

モンテッソーリ園
平成 7 年度
卒園

好きなことに長時間夢中で取り組めた経験は一生の宝物

一級建築士 赤塚 健 さん

立体教具に触れ造形する楽しさを知った

茶色の階段とピンクタワーの教具が好きで、よく取り組んでいた記憶があります。いま思えば、1㎝ずつ辺の長さが変化する立体教具は幾何学としてかなり特徴的ですが、当時はそんなことを気にも留めず、その形態から造形する楽しさに没頭していました。

先日、25年ぶりくらいに教具に触れる機会があったのですが、それぞれの教具が持つ重さだとか角のシャープさだとか、穴にはめたときのストンとした触感だとか、そういったものが感覚として体に残っていることにとても驚きました。子どもの家はまさに「家」のような場所だったと思います。先生方と子どもたちが集まり、共同生活をしながら無意識に生きる術を身につけているような、そんな場所でした。

しののめモンテッソーリ子どもの家を設計させていただくこととなり、園全体を見渡した際、その場所が鮮やかな色やさまざまな形、素材であふれていることに気づかされました。子どものさまざまな感覚を大切に育む、そうした場所に幼少期に身を置けたという体験自体の貴重さを、改めて感じた瞬間でした。

自由に没頭する時間が集中力を育んだ

小学生以降は親から叱られたり、何かをやりなさいと強制されたりといった記憶はあまりありません。振り返ると、何かを障害に感じることなく、好きなことに時間を割けた経験が、自発的に物事に取り組む姿勢につながったのではないかと思います。

建築士として働く赤塚さんは、当時から造形するのが好きだったそう。

あらゆる面でモンテッソーリ教育の影響を受けてはいると思いますが、特に育まれたと感じているのは他者の立場に立つこと、集中力、思考を整理することでしょうか。現在、建築士として仕事をしていますが、形や色や重さや質感に関する感度のようなものも、幼少期の体験が確実に活きているように思います。

これからも誰かが心地よいと感じ、暮らしが豊かになる、そういった建築物や空間を生み出し続けていきたいです。

親からのメッセージ

集中力、見通しを立てて行動する力が育まれました

（母・美希子さん）

子どもの家に通ってからは、順序立てて考えて行動するようになり、片づけも上手になりました。高校生のころ、友人に貸したノートをその方のお母様が見て、きれいに整理された内容に驚かれたことがありました。本人によると、授業を聞きながら頭のなかでまとめてノートに書いただけということでした。こうした見聞きした情報を、ポイントを押さえ即座に整理できるのは、幼いころに話を聞く姿勢、集中力、見通しを立てて行動に移す力、構成力が育まれたおかげのように思います。

モンテッソーリ園
平成12年度
卒園

意志を尊重される経験の積み重ねで根気が身につきました

東京大学大学院
博士課程
小川 潤 さん

臆することなく大人と話した経験が自信に

小さいころは、親からも先生からも「よく喋る」と言われていた記憶があります。思い返せば、先生やほかの園児の親とも、物怖じせずに話していました。子どもの意志を尊重する環境だったからこそ、お喋りな僕の話をよく聞いてくれていたのかもしれません。

子どもの家は、よい意味で子どもに厳しい場所でした。たとえば、当時の私は好き嫌いが多かったのですが、お弁当を完食するまで先生が横についていたんです。ほかの子は食べ終わってあそびに行っているにもかかわらず、です。でも、おかげで、嫌なことにも向き合う気持ちを持てるようになったと思います。また、叱られたり、失敗したりしても落ち込まずに、「なにくそ」という気持ちで克服できるようになりました。

公立小学校を卒業後は私立の中高一貫校に進学。高校では、1年間のアメリカ留学が一番の思い出になっています。中学3年のときに行ったニュージーランド研修で英語が全く話せず悔しい思いをしたのが留学を決意するきっかけでした。「英語を話せるようになりたい！」という強い思いのもと、親にも知らせず留学の説明会に申し込んだことをよく覚えています。

適度な距離で見守ってくれたことが助けに

悔しい思いをしたときには「見返してやる」と反骨的な気持ちで物事にあたることが多いです。そ

円柱の教具を積み上げてあそぶ、子どもの家時代の小川さん。

もそも自分は、失敗や悔しい思いをしても深刻に思い悩まないため、誰かに相談もあまりしません。親や周囲はそんな自分の性格を理解してか、踏み込まずに適度な距離で見守ってくれました。それが、大きな助けになったと思います。

振り返れば、子どもの家や家庭で自分の意志を尊重してもらえた経験により、好きなことを続ける根気が養われたように思います。また、幼少期から自我を認められ、まわりの大人と話す機会があったことで度胸もつき、それが留学や大学院進学という決断に大きく資するものだったことは間違いありません。

親からのメッセージ

モンテッソーリの見守りでこだわりの強さを武器に

（母・智子さん）

モンテッソーリ教育に巡り合い、潤の性質を押し込められることなく好奇心を満たしていただけました。幼少期は自己主張が強く、大変なときも多かったです。でも、成長と共にそのこだわりの強さが意志、意欲、持続力となり、自立心につながったと思います。誰の前でも物怖じせず、意見を言える人になってほしく、自由に話をさせることを心がけました。中学受験の際は日本の教育の成り立ちを延々と話し合った末、自ら私立を希望。勉強も責任を持ってやり遂げました。

モンテッソーリ園
平成18年度
卒園

納得いくまでお仕事を続けられた環境がやり抜く力を育んだ

慶應義塾大学 1.U さん

縦割り保育が育んだ年下の子への思いやり

私はいま、子どもの家で保育のお手伝いをしています。振り返ると、子どもの家に通っていたころから年下の子のお世話をするのが好きでした。それはきっと、子どもの家の縦割り保育の環境が大きく関係している気がします。自分が年少のときに年長や年中のお兄さん、お姉さんにやさしく接してもらえた経験により、今度は自分も年下の子にやさしくしようという思いが育まれたのだと思います。お兄さん、お姉さんをロールモデルにして頑張ったこと、年下の子のお世話を一生懸命したことは、一人っ子の私にとって、自分を成長させるきっかけとなったと、改めて感じています。

納得いくまでやり抜く力が育まれた

また、やりたいお仕事を自分で選び、納得のいくまで自分のペースで取り組めた経験を通し、何かをするときに、こだわりを持ってやり抜くことができるようになったと思います。中学生のときには、高校で英語の選抜クラスに入るため、英語学習に力を入れました。その後選抜クラスに入れたものの、まわりのほとんどが帰国子女でした。最初は英語力の差に苦労しましたが、英会話教室に通ったり、家でリスニングをしたりと努力を重ね、英語で難なくコミュニケーションをとれるようになりました。現在は大学のチアリーディング部に所属しています。週に5回の練習はつらいときもありますが、課題や高難度の技への恐怖心に向き合い、何度も練習してできるようになったときの喜びは計り知れません。このように、自分が夢中になれるものに真摯に向き合い、納得いくまでやりきる気持ちは、モンテッソーリ教育のお仕事を通して育まれた側面が大きいような気がしています。

色画用紙を縫うお仕事をするI.Uさん。

　大学二年生になり、本格的に将来のことを考える時期になりました。これまでの経験を生かし、自分の仕事にやりがいを持って打ち込む人になりたいです。

親からのメッセージ

自分でやってみる経験が意欲ややり抜く力を培った

（母・Nさん）

縦割り保育の環境もあり、上の学年の子のすることに憧れを抱き、年中、年長になったらあのお仕事をしたいなどの意欲が芽生えました。年少から年中に上がる際、年中の名札を嬉々として先生に見せに行った姿はいまでも忘れられません。子どもの家に通ってから、不安な気持ちに負けず、新しいことにチャレンジする勇気を持つようになれました。お仕事に取り組む経験により、自分でやってみる→成功する→自信がつく→もっとやってみる……の繰り返しで、成長してきたように思います。

モンテッソーリ園 平成13年度 卒園

他人に左右されず集中して取り組める姿勢が身につきました

劇場責任者
（エンターテイメント業）
中村 友香 さん

親もやりたいことを応援 自分の道を進む勇気に

幼児期にやることを自由に決めて行動ができた環境のおかげか、自発性が育まれた気がします。

学生時代は学業以外にも自分の打ち込みたいことに時間を割きました。大学まで学校外の劇団に所属し、年に十数回舞台に立ち、仲間と共に作品をつくり上げた経験は、いまの仕事を志すきっかけにもなりました。

母は、私がやりたいと言ったことに対して、常に応援してくれました。その環境が自信につながったと思います。

親からのメッセージ

園での楽しい記憶が自分を信じ支える原動力に

（母・資子さん）

私自身がモンテッソーリ教育の幼稚園出身。親になってからも幼稚園での楽しい記憶が残っており、ぜひ子どもにも同じ体験をさせたいと思い入園を決めました。転居のため、子どもの家には1年半しか通えませんでしたが、4歳という幼い年齢ながら、毎日登園する際、「今日は○○のお仕事をする」と目的意識を持ち、常に達成感を味わっていたようです。このような環境は、本当にすばらしいと改めて感じます。自分が何をしたいのか、何をすべきなのかを考え、実行するところはずっと変わっていません。

モンテッソーリ園
平成14年度
卒業

「みんな違ってみんないい」の精神が育った

海外営業
（医療機器メーカー）
木内惇平 さん

やりたいことに邁進し道を切り拓きたい

　モンテッソーリ教育には、金子みすゞさんの詩にある「みんな違って、みんないい」という言葉のような個性を伸ばす土台がありました。その影響もあってか、大学時代は喜劇サークルと落語研究会、二足のわらじを履いて活動。また、大学4年から中国語学習にはまり、台湾にも留学しました。
　振り返れば、これまで後悔のないよう自分が正しいと信じる道を歩んできたつもりです。これからも変わらず自分で道を切り拓き、物事をやり遂げたいと思います。

親からのメッセージ

失敗を含めた経験が個性を認め、生き抜く力に

（母・博子さん）

入園当時は気が弱く、自分を表現することが苦手でした。でも、園での温かいご指導、異年齢のお子様との関わり、失敗を含めたさまざまな経験を通して、徐々に表現することや他者との関わりの大切さを学んだように思います。やや内向的な性格だった惇平も、やがて留学し、いまでは海外の方を含め、多岐にわたる交流をするようになりました。他者を尊重しつつ、必ずしも他者と同じである必要はない。自らの個性を大切にし、育み、生き抜く力が身についたと感じています。

おわりに

小さな子どもたちの前には、まだ見たことのない世界が広がっています。

「モンテッソーリ子どもの家」に来た3歳になったばかりの子どもたちは、見たり聞いたり触れたり、子どもの感性をいっぱいに使って、不思議なもの、見たことのないものがあふれているお部屋のなかを探索します。3歳児の好奇心は大人では考えられないような発想を生みます。この年齢の〝なんでもやってみたい〟子どもには、なるべく制約を与えずに思うようにやらせてあげましょう。自分のやりたいことを見つけて十分に活動すると、安心して活動を終え満足した素敵な笑顔を見せてくれます。

4歳になると、いままで自分を中心に回っていた世界よりお友だちという他者との関わりが大事になってきます。些細なことでケンカをしたり、次の日には仲直りをして一緒にあそんでいたり、小さな社会のなかでの過ごし方を自然に身につけていきます。ときには自分を抑えることを学んだり、お友だちの立場にたって考えられるようになってきます。このときに大きな力になるのが〝縦割り保育〟。上の子どもの存在が立派なお手本になるのです。5歳になると、立派な年長さん。いましてよいことと、してはいけないことの判断もつきますし、好きなことに夢中で取り組む集中力や忍耐力もついてきます。園の最年長としてまわりへの配慮や手助けができるようになります。

大人に教えられるのではなく、与えられた環境のなかで自分が必要なことを吸収し育ってきた子どもたちは、自分でやりたいことを見つけて最後までやり遂げる力、好奇心、意欲、忍耐力、集中力などといった非認知能力がいつの間にか身についているのです。この非認知能力を幼児期に身につけた子どもたちが成長し成人したときに、幼児期の体験がどのように彼らの力になっているのかを知りたいと思い、インタビューページでは卒園生のみなさんにご協力いただきました。お話を伺うなかで、保護者のみなさまの子育てに対する姿勢を目の当たりにし、乳児期にはしっかりと肌を触れ合い、幼児期には手を出さず目をかけて見守るというモンテッソーリ教育の子育てを実践してくださったお母さま方が、彼らの成長に大きく関わっていることを強く感じました。本書ではみなさんの声の一部を紹介しています。

たとえば中学受験のときに、学力試験だけでなくグループディスカッションの場でみんなの意見をまとめ、出題されたテーマについても堂々と話をして合格したという体験談には、学力だけでなく非認知能力の大切さを重要視する学校が増えてきていることを感じました。また、大学受験の専攻で悩んだときに、自分の原点は幼児期にあると考えて「子どもの家」を訪ねてくれた高校生もいました。みんなそれぞれが自分の道を見つけ歩んでいくなかで、幼児期を過ごしたモンテッソーリ教育が彼らの礎になっているものと確信しています。このように未来へ向かって歩む子どもたちの力に少しでもなれることを願い、これからもモンテッソーリ教育と共に「子どもの家」を続けていきたいと思います。

最後に、この本を非認知能力の視点から監修してくださった中山芳一先生、編集と制作にご尽力くださったみなさまに厚くお礼申し上げます。

しののめモンテッソーリ子どもの家・園長　三井 明子

監修者プロフィール

●しののめモンテッソーリ子どもの家

1990年9月、千葉県浦安市にて「モンテッソーリ幼児教室」開設。翌年「新浦安モンテッソーリ子どもの家」を開園。2018年、江東区東雲に移転、「しののめモンテッソーリ子どもの家」に改称。「一人でも多くの皆様にモンテッソーリ教育のすばらしさを理解いただきたい」をモットーに、子ども一人ひとりに目を配り成長のお手伝いをし、2021年には開園30年を迎える。編集・取材協力書に『「集中」すれば子どもは伸びる! モンテッソーリ園』東京書籍（2012年）。三井明子（みつい　あきこ）日本女子大学児童学科卒業。同校豊明小学校教諭を経て、モンテッソーリ教育に取り組み33年。マックス幼児教育代表、しののめモンテッソーリ子どもの家・園長。赤塚美希子（あかつか　みきこ）国立音楽大学卒業。23年間、子どもの家でモンテッソーリ教育に関わる。

●中山芳一（なかやま　よしかず）

岡山大学全学教育・学生支援機構准教授。専門は教育方法学。1976年1月、岡山県生まれ。大学生のためのキャリア教育に取り組むと共に、幼児から小中学生、高校生たちまで、各世代の子どもたちが非認知能力やメタ認知能力を向上できるように尽力している。さらに、社会人を対象としたリカレント教育、全国各地の産学官民の諸機関と協働した教育プログラム開発にも多数関与。9年間没頭した学童保育現場での実践経験から、「実践ありきの研究」をモットーにしている。著書に『家庭、学校、職場で生かせる!　自分と相手の非認知能力を伸ばすコツ』東京書籍（2020年）、『学力テストで測れない非認知能力が子どもを伸ばす』東京書籍（2018年）、『新しい時代の学童保育実践』かもがわ出版（2017年）、『コミュニケーション実践入門』かもがわ出版（2015年）など多数。

【参考文献】

『学力テストで測れない非認知能力が子どもを伸ばす』中山芳一 著（東京書籍）
『家庭、学校、職場で生かせる!　自分と相手の非認知能力を伸ばすコツ』中山芳一 著（東京書籍）
『「集中」すれば子どもは伸びる! モンテッソーリ園』（東京書籍）
『お母さんの「敏感期」』相良敦子 著（文春文庫）
『マンガでやさしくわかるモンテッソーリ教育』田中昌子 著（日本能率協会マネジメントセンター）
『モンテッソーリ教育×ハーバード式 子どもの才能の伸ばし方』伊藤美佳 著（かんき出版）
『子どもの力を伸ばす !! じょうずな叱り方・ほめ方』小崎恭弘 監修（洋泉社 MOOK）
『モンテッソーリ教育が見守る子どもの学び』松浦公紀 著（学研プラス）

ブックデザイン　長谷川理
DTP　大島歌織
カバー・本文イラスト　後藤知江
本文イラスト　山根あかり
校正　西進社
柴原瑛美・小野寺美華（東京書籍）
編集・構成　引田光江（グループ ONES）、大勝きみこ
企画・編集　金井亜由美（東京書籍）

非認知能力《ひにんちのうりょく》を伸《の》ばす おうちモンテッソーリ77のメニュー

2020年9月29日　第1刷発行

監　修　しののめモンテッソーリ子どもの家、中山芳一
発行者　千石雅仁
発行所　東京書籍株式会社
東京都北区堀船2-17-1　〒114-8524
電話　03-5390-7531（営業）
03-5390-7512（編集）
https://www.tokyo-shoseki.co.jp

印刷・製本　株式会社リーブルテック

ISBN978-4-487-81423-7 C0037

本書に掲載した情報は2020年8月現在のものです。

P90の図案

【使い方】
コピー用紙に図案をコピーして段ボールに貼り、カットして洗濯バサミではさむ。

キリトリ

※図案はお子様の年齢に合わせて自由に拡大し、カラーコピーをしたあとカットしてご使用ください。

P112の台紙

【使い方】
画用紙に台紙をコピーして、
丸の部分にシールを貼る。

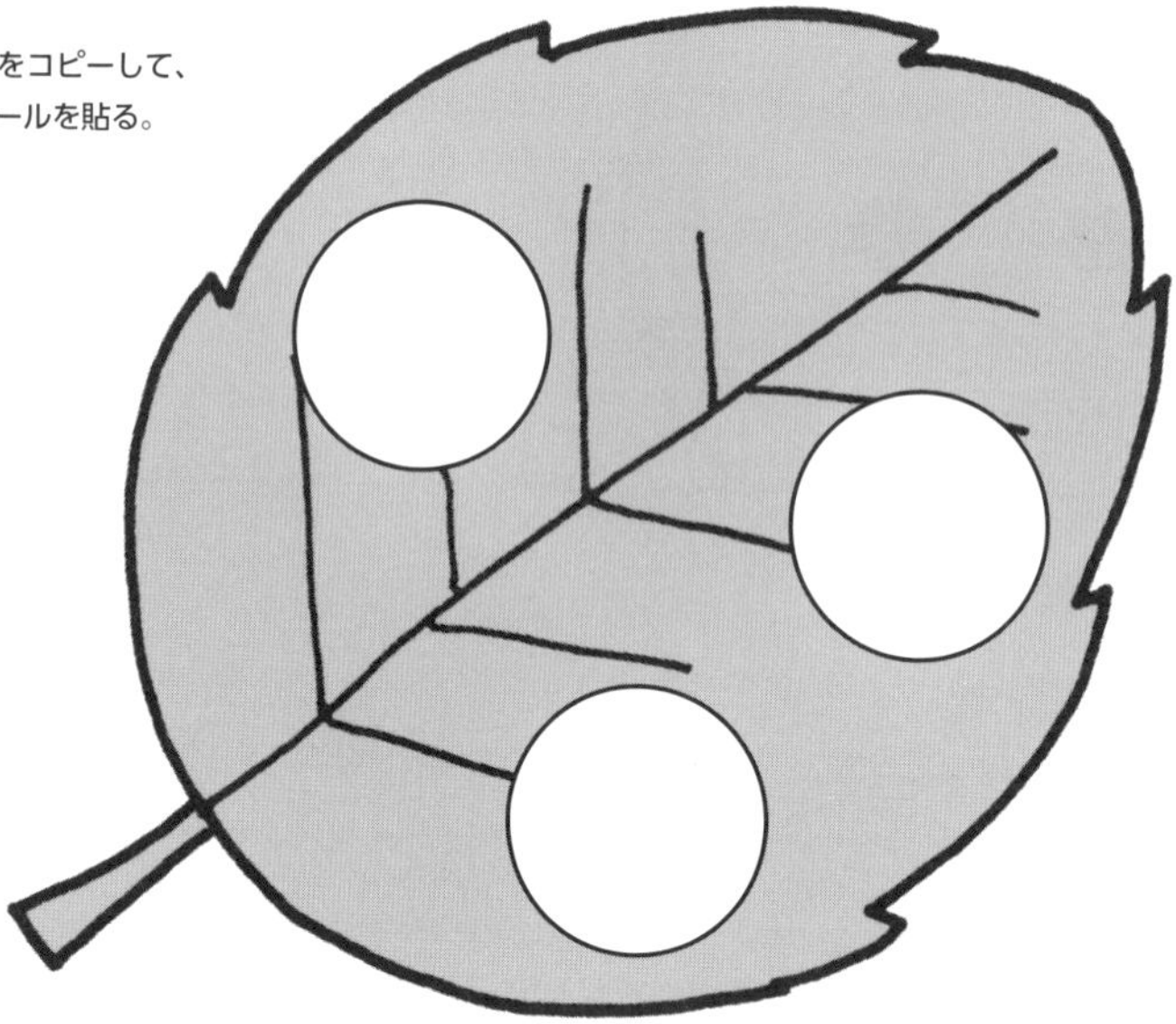

キリトリ

P108の図案

【使い方】 コピー用紙に図案をコピーして段ボールに貼り、カットして毛糸を巻いていく。

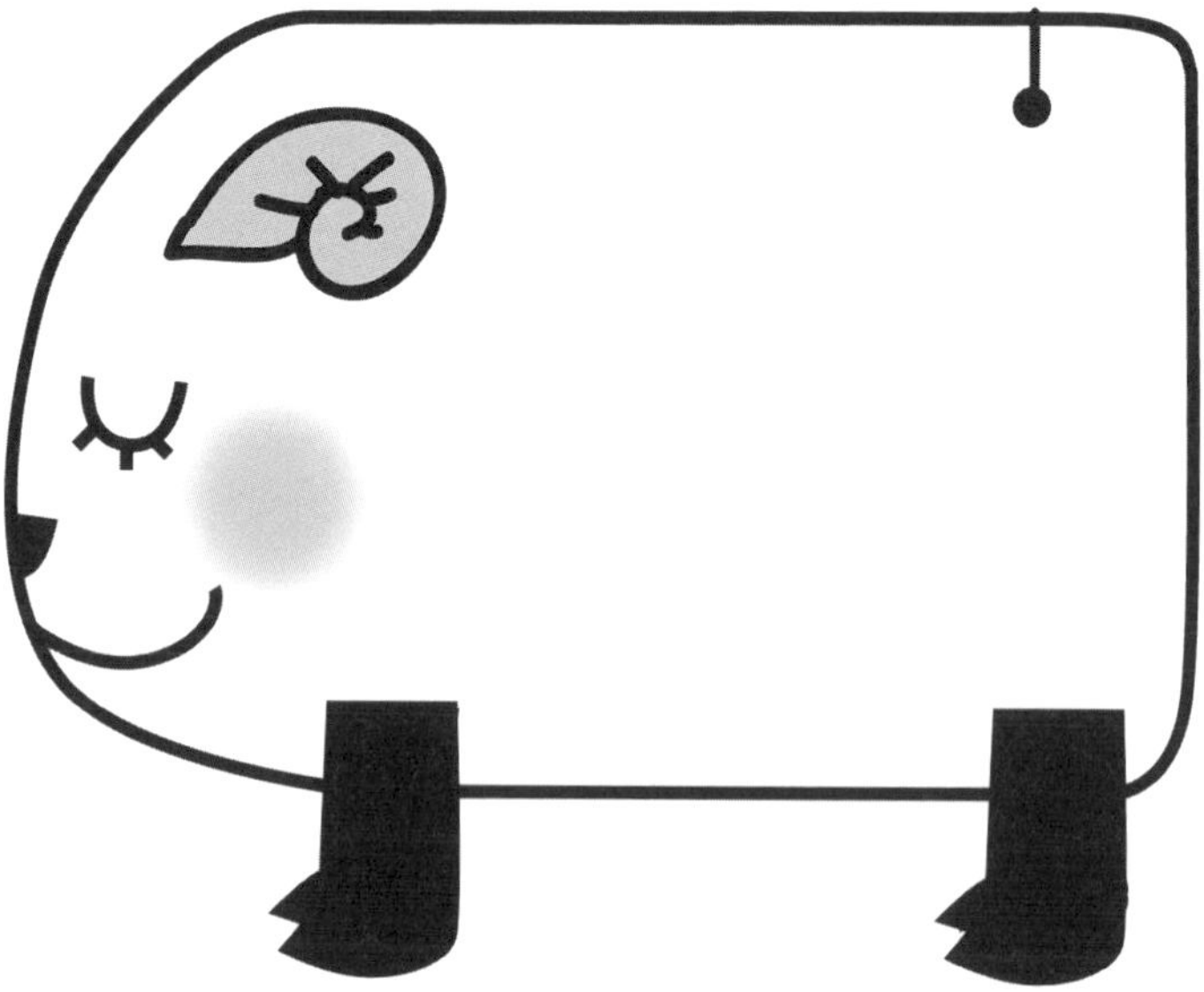

※図案はお子様の年齢に合わせて自由に拡大し、カラーコピーをしたあとカットしてご使用ください。

【使い方】 画用紙に図案をコピーして、別紙でつくったじゃばらを鼻に貼りつける。

P103の図案

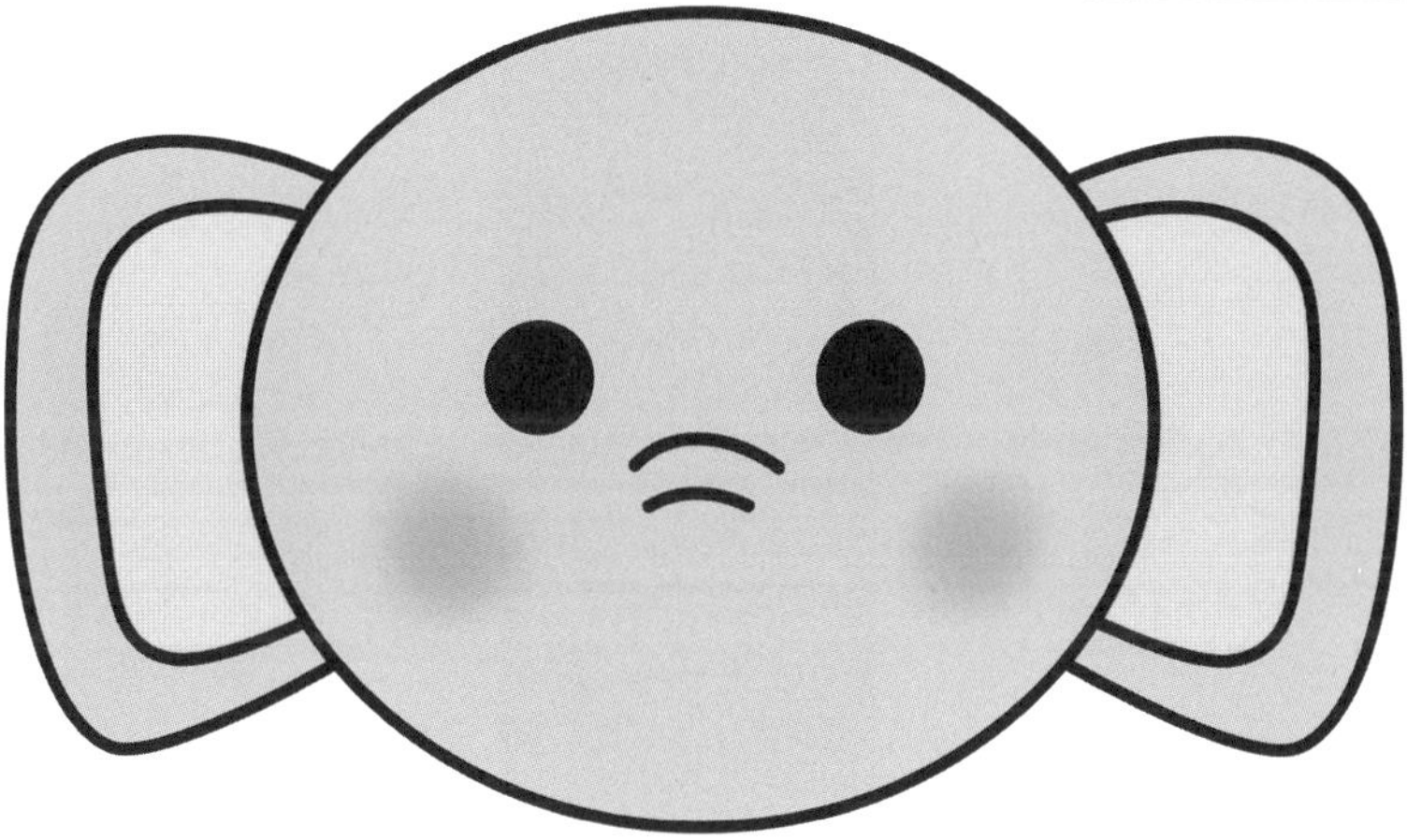

【使い方】 画用紙に台紙をコピーして、台紙と同じ三角の大きさにカットした画用紙（複数色）を用意し、台紙に自由にのりで貼っていく。

P113の台紙

※図案はお子様の年齢に合わせて自由に拡大し、カラーコピーをしたあとカットしてご使用ください。

キリトリ

【使い方】 画用紙に台紙をコピーをして丸部分に穴をあけ、針に毛糸を通して玉どめをしてから縫っていく。

P106、107の台紙

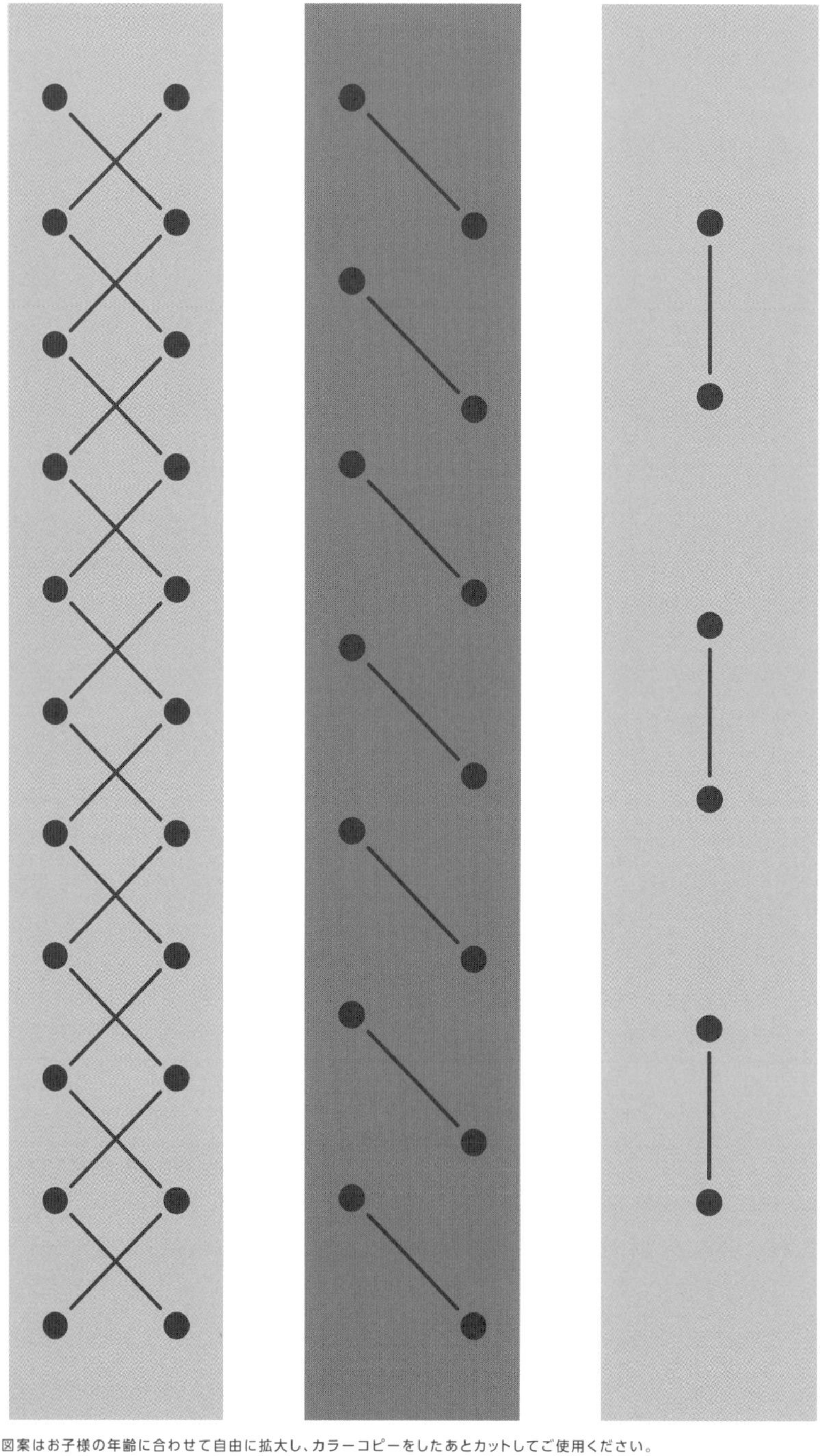

キリトリ

※図案はお子様の年齢に合わせて自由に拡大し、カラーコピーをしたあとカットしてご使用ください。

P91の図案

【使い方】
画用紙に木とハートの図案をコピーして、ホチキスで木にハートをとめていく。

【使い方】
コピー用紙に図案をコピーして、服の薄い丸部分にパンチで穴をあける。

キリトリ

※図案はお子様の年齢に合わせて自由に拡大し、カラーコピーをしたあとカットしてご使用ください。

P111 連続切りの図案

【使い方】 コピー用紙に図案をコピーしてじゃばらに4つ折りし、手以外の部分を絵に沿ってハサミで切る。

P111 2つ折りの図案

【使い方】 コピー用紙に図案をコピーして2つ折りにし、黒色の部分をハサミで切る。

P93の図案

【使い方】
画用紙に図案をコピーして、黒丸部分にパンチで穴をあけ、毛糸を結んでいく。

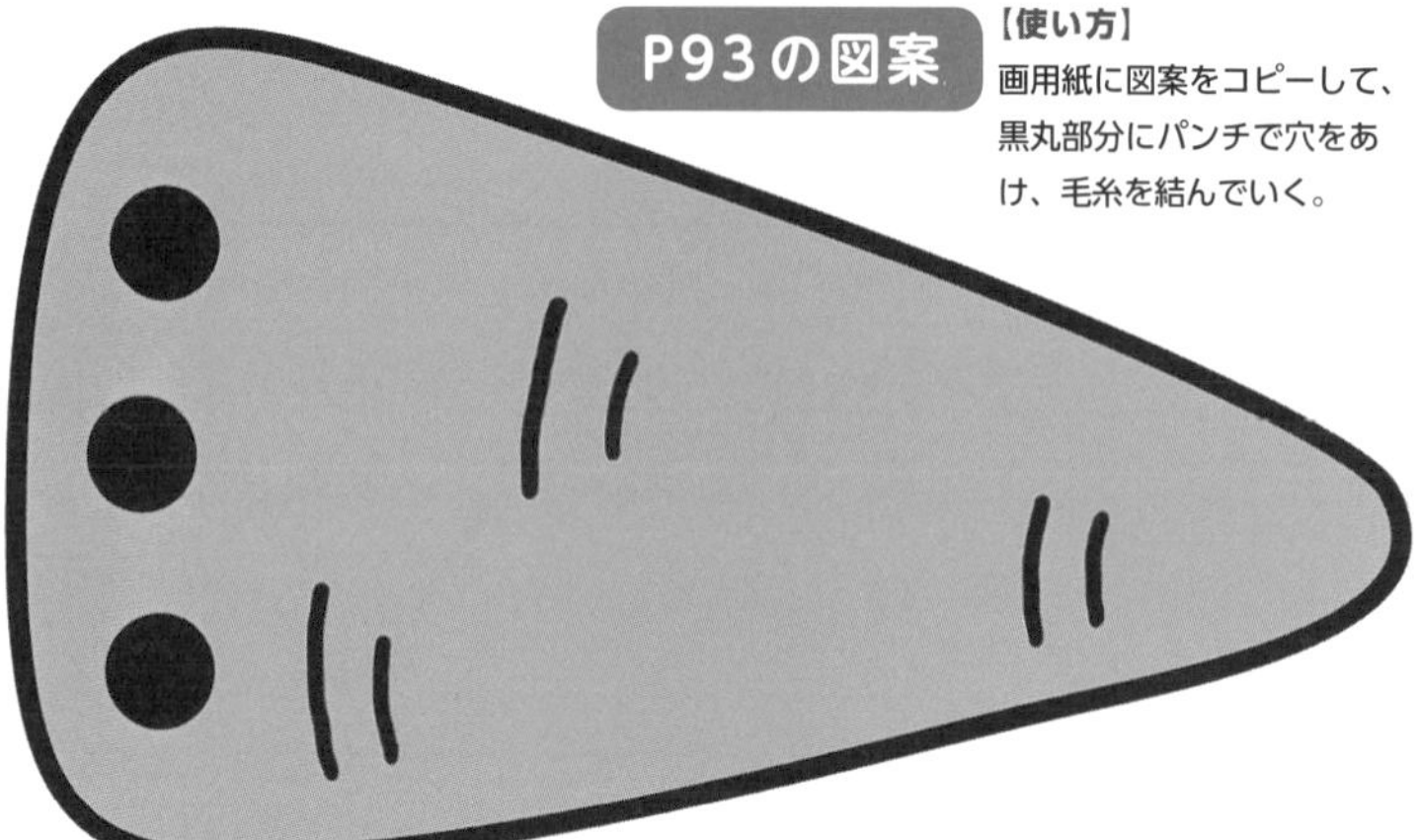

キリトリ

※図案はお子様の年齢に合わせて自由に拡大し、カラーコピーをしたあとカットしてご使用ください。